SIMON RIESCHE
ZWISCHEN SANSIBAR UND LÜDERITZ

SIMON RIESCHE
ZWISCHEN SANSIBAR UND LÜDERITZ

Auf Roadtrip und Zeitreise im Süden Afrikas

KNESEBECK *Stories*

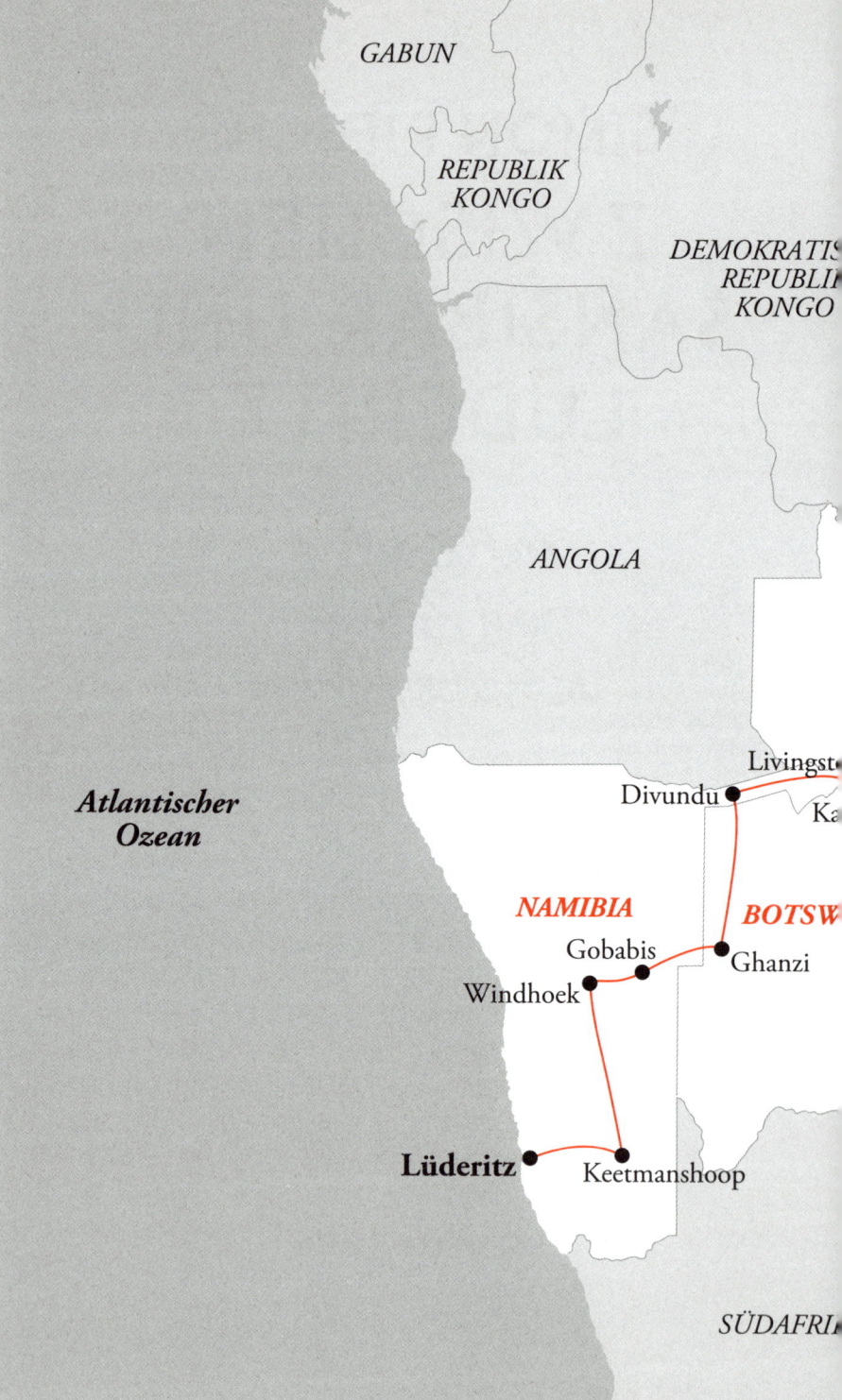

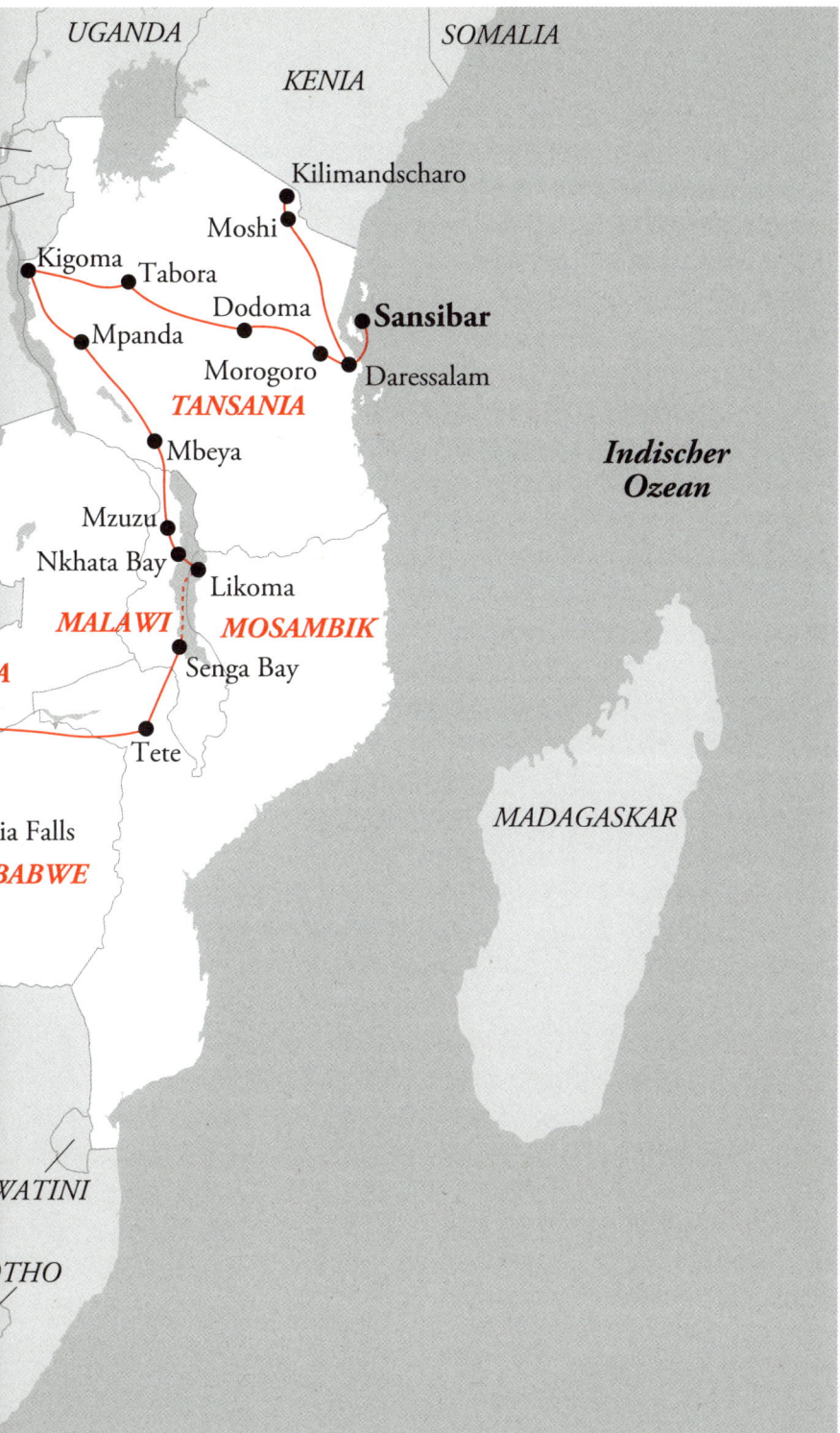

für Miki

INHALT

Intro	AUF FREMDEN SCHULTERN	11
1	WIE ALLES BEGANN	15
2	KILIMANDSCHARO	20
3	MOSHI	25
4	DARESSALAM UND SANSIBAR	32
5	MOROGORO	41
6	DODOMA	49
7	TABORA	58

8	KIGOMA	70
9	MPANDA UND MBEYA	79
10	MZUZU	86
11	NKHATA BAY	94
12	LIKOMA	104
13	TETE	113
14	LUSAKA	122
15	LIVINGSTONE UND VICTORIA FALLS	131
16	KASANE UND KATIMA MULILO	140
17	GHANZI UND GOBABIS	149
18	WINDHOEK	158
19	KEETMANSHOOP	167
20	LÜDERITZ	176
Epilog	SCHMERZ IN DER LEISTE, AFRIKA IM HERZEN	188

Intro
AUF FREMDEN SCHULTERN

»Come on, man, come on!« Der Mann schreit mich an, fuchtelt mit den Armen. Bis zur Brust schlagen ihm die Wellen, Schweiß rinnt über sein verzerrtes Gesicht. Um ihn herum rufen andere Kerle, jeder hat sich einen anderen Passagier ausgeguckt. Mit einem Wahnsinnstempo waren sie uns entgegengelaufen, -gestolpert und -geschwommen. Ein lärmendes, Wasser aufwirbelndes Empfangskomitee. Was wollen sie von uns? Was will der Typ von mir?

Gerade hatte unsere alte Fähre nach Tagen Kreuz-und-quer-Fahrt über den Malawisee die Bucht von Senga erreicht. Alle, die hier von Bord wollten, mussten in Beiboote umsteigen. Zu flach ist der See in Ufernähe für den großen Kahn. Dicht gedrängt sitzen wir jetzt in den Nussschalen, um uns herum riesige Körbe voll mit getrocknetem Fisch. Auch die kleinen Boote schaffen es jedoch nicht ganz zur Küste und müssen in einiger Entfernung vom Strand stoppen.

»Come on, man, let's go.« Der Mann schreit mich immer noch an, mittlerweile mit einem strahlenden Lächeln im Gesicht. Okay, er will mein Gepäck tragen, das muss es sein, denke ich. »Danke, danke«, sage ich hastig und will ihm meinen Rucksack anreichen. »No, no, youuu!«, ruft er und zeigt auf mich. Erst jetzt wird mir klar: Er will nicht meinen Rucksack, er will mich. Zusammen mit dem Rucksack.

Dann geht alles ganz schnell. Unter lautem Ächzen nimmt er mich auf seine Schultern. Er schnaubt und wackelt unter meinen fünfundneunzig Kilo. Ich versuche oben mühsam die Balance zu

INTRO

halten, während die Brandung unseren menschlichen Turm mit jeder Welle ins Wanken bringt. Soll ich absteigen? »No, no, no«, stöhnt mein Träger fast panisch. Nun, auch dem Mobiltelefon und den Geldscheinen in meinen Hosentaschen würde das wohl nicht gut bekommen. Wie viele Meter sind es bis zum Strand? Vielleicht dreißig. Es werden die längsten dreißig Meter meiner Reise.

Zu behaupten, dass ich mich in diesem Moment unwohl fühle, wäre eine große Untertreibung. Verdammt, geht's eigentlich noch kolonialer? Der Fremde aus der Ferne, der nicht nass werden soll, auf dem Rücken eines Einheimischen? So sind sie hier früher schon gereist. Auch zu Zeiten jenes Mannes, dessen Buch mich zu dieser Reise bewegt hat und dessen Schilderungen ich, trotz aller Bewunderung für seinen Abenteuermut, mit jeder unterwegs gelesenen Seite immer weniger ertrage.

Ich blicke mich um und stelle erleichtert fest, dass nicht nur ich, der verwöhnte Europäer, auf fremden Schultern throne, sondern auch alle anderen Passagiere unseres Bootes. Nein, doch nicht alle: Ein wirklich sehr, sehr dicker Mann hat keinen Träger abbekommen und muss selbst durch das Wasser zum Strand waten. Die Gesetze des Marktes, Angebot und Nachfrage.

Noch fünf Meter. John, so heißt mein Träger, wie ich hinterher von ihm erfahre, gerät unter meiner Last ins Straucheln. Mein Rucksack rutscht mir von der Schulter. Irgendein geistesgegenwärtiger Mitträger bekommt ihn zu packen und schleudert ihn, noch bevor er die Wasserkante erreichen kann, in einer physikalisch kaum möglichen Fang-Wurf-Bewegung an den Strand.

Auch ich selbst gerate jetzt ins Rutschen, falle wie in Zeitlupe der Länge nach ins knietiefe Wasser, spüre die Nässe am Rücken, an den Beinen, in meinen Schuhen. John blickt mich erschrocken an, dann fängt er an zu lachen. Ich pruste ebenfalls los. »Sorry, man.« – »No problem.« Keuchend sitzen wir nebeneinander am Strand, blicken auf den riesigen See und beobachten, wie die an-

AUF FREMDEN SCHULTERN

deren Träger versuchen, ihre menschliche Fracht trocken an Land zu bringen. Einige schaffen es, andere scheitern.

Nachdem ich John für seine tragende Rolle bezahlt habe, fragt er mich, wohin ich als Nächstes reisen werde. »Ganz genau weiß ich es gerade nicht«, sage ich, noch immer leicht außer Atem. »Auf jeden Fall weiter nach Westen. Einmal quer durch Afrika.«

Kapitel 1
WIE ALLES BEGANN

Wäre ich ein Geschichtenerzähler, der es mit der Wahrheit nicht so genau nimmt, würde die Schilderung dieser Reise sicher anders beginnen. In einem schummrigen Antiquariat zum Beispiel, in irgendeiner atmosphärischen Altstadtgasse. »Suchen Sie etwas Bestimmtes?«, würde der greise Mann hinter der Kasse fragen und mich über den Rand seiner Lesebrille hinweg fixieren. »Nein danke, ich weiß gar nicht, ob ich überhaupt etwas suche«, wäre meine stotternde Antwort. Dann würde mich eine andere Kundin anrempeln, sodass ich einen der gewaltigen Bücherstapel touchiere und ein zerfledderter Band zu Boden fällt. Ich würde mich bücken, um ihn aufzuheben. Aufgewirbelter Staub, Gegenlicht, ein Sonnenstrahl durchs Fenster. Der alte Antiquar würde auf einmal direkt hinter mir stehen und mir seine Hand auf die Schulter legen, wissend, dass mir das Schicksal gerade ein großes Abenteuer auferlegt hat. Schließlich würde mein Blick auf den seltsam hell schimmernden Titel des verwitterten Buches in meiner Hand fallen:

Im Auto quer durch Afrika
Von Paul Graetz

So hat es sich natürlich nicht zugetragen. Es gab keinen magischen Harry-Potter-mäßigen Moment, keine verfilmungstaugliche Szene, die alles veränderte und mich dazu brachte, auf den Spuren eines fragwürdigen Abenteurers aus der Kaiserzeit durch Afrika zu touren. Aber was war es dann? Wenn ich mich richtig erinnere, ging

KAPITEL 1

es los mit einer Tätigkeit, die an Banalität kaum zu überbieten ist. Ich tat das, was viele Menschen, vor allem aber Journalisten wahrscheinlich viel zu oft machen: Ich googelte mich selbst.

In meinem kleinen Arbeitszimmer in einem Kölner Hochhaus lagen DVDs und USB-Sticks auf dem Boden, die Laptoplüftung brummte überhitzt vor sich hin. Draußen fiel ein fieser Januarregen und die Coronapandemie wollte einfach nicht lockerlassen. Nein, es war keine Eitelkeit, die mich meinen eigenen Namen ins Suchfeld tippen ließ. Ich war auf der Suche nach bewegten Bildern einer Reise, die ich 2010 als junger Reporter gemacht hatte. Von Ägypten aus war ich damals auf dem Landweg zur Fußballweltmeisterschaft in Südafrika gereist und hatte in einem Videotagebuch, inzwischen würde man wohl »Vlog« sagen, über meinen Trip berichtet. Ziemlich amateurhaft waren die Filmchen, aber irgendwie doch charmant genug, um sie zumindest in Teilen noch einmal hervorzukramen, wie ich fand.

Wofür ich die alten Clips brauchte? Nun, ich war mal wieder dabei, ein Showreel zu schneiden. Für alle Glücklichen, die nicht wissen, was das ist: Ein Showreel ist ein zusammengestückelter Kurzfilm, mit dem sich Fernsehjournalisten bei neuen Arbeitgebern bewerben. Ein Best-of des eigenen Schaffens gewissermaßen, so vielseitig, wie es eben geht, Schnipsel von Reportagen und Dokumentationen, die eigene Birne an möglichst vielen Orten in Szene gesetzt. Alles, um zu zeigen, was für ein toller Hecht man ist.

Meine Afrikavideos von damals fand ich an jenem Januartag nicht mehr. Worüber ich beim frustrierten Googeln aber stattdessen stolperte, waren ein paar Berichte über eine Afrikareise, die lange vor meiner Zeit stattgefunden hatte und über die der Reisende von einst offenbar ein Buch geschrieben hatte. Ich klickte mich durch zum Titel des Buchs. *Im Auto quer durch Afrika*. Keine Frage, der Titel ist eher schlicht. Die Tatsache aber, dass es vom Ende des ers-

WIE ALLES BEGANN

ten Jahrzehnts des letzten Jahrhunderts stammte, kurz nachdem der Autor, ein Mann namens Paul Graetz, als weltweit erster Mensch das vollbracht hatte, was das Cover seines Werks versprach, zog mich sofort in den Bann. Was für eine Reise! Graetz, ein gebürtiger Sachse, der vor diesem Trip offenbar einige Jahre als Offizier in der Kolonie Deutsch-Ostafrika gedient hatte, war 1907 in Daressalam gestartet, um fast zwei Jahre später in Swakopmund anzukommen. Wer weiß, wie Autos damals aussahen – von den seinerzeit kaum vorhandenen Straßen Afrikas ganz zu schweigen –, kann sich vorstellen, dass diese Expedition ein Ritt der Extreme, ja ein gewaltiges Abenteuer gewesen sein muss. Welches Fahrzeug es genau war? Wie das mit den Reparaturen lief? Woher das Benzin kam? Automobilhistoriker mögen bereits an dieser Stelle viele Fragen haben. Das Schöne ist: So gut wie alle werden von Graetz, der erst viele Jahrzehnte nach seiner Reise, im biblischen Alter von dreiundneunzig, starb, selbst beantwortet. Sein Buch war lange vergriffen, bis ein kleiner Verlag es vor einigen Jahren neu auflegte. Man kann es bestellen und zwei Tage später ist es da.*

Womit wir wieder bei mir und meiner Geschichte wären. Noch bevor ich nämlich die Bestellung in der nächstgelegenen Buchhandlung aufgab, begann in mir ein kühner Plan zu reifen. Was, wenn ich Graetz' Buch nicht nur lesen, sondern seine Reiseroute nachfahren würde? Nicht am Steuer eines eigenen Wagens, das erschien mir zu einsam und abgekapselt, sondern an Bord öffentlicher Verkehrsmittel: mit Bus, Zug, Fähre, zur Not per Anhalter. Im Jahr 2010 war ich, wie oben erwähnt, auf diese Weise schon einmal von Nord nach Süd durch Afrika gereist. Nun also von Ost nach West, auf dem Landweg von Ozean zu Ozean.

* Paul Graetz (1910): *Im Auto quer durch Afrika*; Neuauflage 2007, Göttingen/Windhuk (Klaus Hess Verlag).

KAPITEL 1

Was mir vorschwebte, war eine Mischung aus Roadtrip und Zeitreise. Unterwegs immer wieder ein paar Seiten lesen, dann vom Buch aufschauen und die Orte von damals heute mit eigenen Augen sehen. Die Beschreibung von einst als Anregung verstehen, selbst Erfahrungen zu machen. Allein der Gedanke an einen solchen Trip ließ mein Herz schneller schlagen. Habe ich schon erwähnt, dass ich große Reisen liebe? Reisen, die einen Anfang und ein Ende haben und irgendeine Art von Auftrag in der Mitte.

Das Timing hätte kaum besser sein können. Meine Festanstellung in Köln hatte ich gerade gekündigt, weil ich mich bei einem anderen Sender für einen Korrespondentenposten im Ausland bewerben wollte. Doch selbst wenn es mit dem neuen Job klappen sollte, würde der nicht vor Herbst beginnen. Ich hatte also endlich Zeit. Zeit fürs Reisen. Fürs Erleben. Dafür, unterwegs verwundbar zu sein, mich auf fremde Menschen verlassen zu müssen und mit offenen Augen durch die Welt zu gehen. Ohne den tagesaktuellen Druck des üblichen Journalistenlebens. Was für ein Luxus!

Da war aber noch mehr: Das alte Buch hatte nicht nur meine ganz persönliche Abenteuerlust, sondern auch meinen Durst nach einem tieferen Einblick in die Geschichte geweckt. Mich interessierte weniger, wann an Graetz' Auto welcher Reifen platzte oder wie und von wem welches Motorenteil ausgetauscht wurde. Dafür aber die Frage, was das damals für eine Welt war, durch die er fuhr. Die Tatsache, dass Graetz' Reise nicht in Tansania, sondern in *Deutsch-Ostafrika* begann und nicht in Namibia, sondern in *Deutsch-Südwest* endete, nahm ich beim ersten Durchblättern des Buches mit einem flauen Gefühl zur Kenntnis. Was wusste ich eigentlich über Kolonialgeschichte, zumal über deutsche Kolonialgeschichte? Begriffe wie »Schutzgebiete«, »Askari« oder »Maji-Maji-Aufstand« flimmerten mir durch den Kopf, ließen sich aber kaum stimmig zusammensetzen. Klar, von den Verbrechen der Deutschen an den Herero und Nama hatte ich gehört,

WIE ALLES BEGANN

die Diskussion über die Anerkennung des Völkermords durch unsere Regierung verfolgt. Aber selbst das alles war bei mir recht oberflächlich abgespeichert.

Das Buch, auf dessen Spuren ich nun unterwegs sein wollte, sollte für mich daher auch das sein: ein Schlüssel zu einer Zeit, über die ich mir bis dahin leider viel zu wenig Gedanken gemacht hatte. Wie viel Geschichte steckt in der Gegenwart? Dies war nur eine der Fragen, die ich auf meine afrikanische Reise mitnahm. Eine Reise, die, obwohl sie den Pfaden eines anderen Geschichtenerzählers folgt, trotzdem vor allem in einer Epoche spielen sollte: im Hier und Jetzt.

Das Ticket nach Tansania war dann Anfang April schnell gebucht. Als Flugreisender aus dem Ausland landet man entweder direkt in Daressalam oder auf Sansibar, man kann aber auch im Norden auf einem kleinen Flughafen in der Nähe der Stadt Arusha haltmachen. Ich entschied für mich letztere Option. Zu groß war die Sehnsucht, einen Blick auf Afrikas großen Gipfel zu erhaschen.

Kapitel 2
KILIMANDSCHARO

Ich kann ihn nicht sehen, aber ich bilde mir ein, den Berg fühlen zu können. Der Himmel ist voller schwarzer Wolken, Regen liegt in der Luft, es donnert in der Ferne. Über grüne Hänge ziehen Nebelschwaden, verschleiern den Blick nach oben. Hier wächst Arabica, die Königin der Kaffeebohnen.

Auf dem Rollfeld, am Kofferband, auf dem Parkplatz: Heerscharen von Funktionskleidungsträgern. Was den kolonialen Eroberern von einst ihr Tropenhelm war, sind den Aktivtouristen von heute offenbar Fleecejacke und Sportrucksack. Eine bunte Armee, wahlweise Wolfshäute oder Nordgesichter, wie ihre englischsprachigen Erkennungszeichen verraten. »O Gott, wollen die wirklich alle da hoch?« Hussein lacht. »Nein, die meisten von denen gehen einfach nur auf Safari, nur ein paar sind Bergsteiger. Aber auch das sind immer noch ziemlich viele. Auf dem Weg zum Gipfel wird's manchmal richtig eng.«

Hussein hat mich abgeholt. Er arbeitet als Fahrer für das Gästehaus, in das ich mich für meine erste Nacht in Afrika einquartiert habe. Jetzt sitzen wir zusammen im Toyota seiner Chefin und fahren durch den Regen. Durch das Beifahrerfenster sehe ich eine bunte Motorriksha, auf die der Besitzer die Worte »Mr. Rainbow« geschrieben hat. Herr Regenbogen winkt, heißt mich herzlich willkommen am Kilimandscharo.

Ich blicke Hussein von der Seite an. Ein groß gewachsener Bartträger mit einer sanften Stimme. Auch das knallig pinkfarbene Hemd strahlt eine angenehm selbstironische Friedfertigkeit aus.

KILIMANDSCHARO

Da wir beide uns auf Anhieb gut verstehen, verzichten wir auf Small-Talk-Themen wie das Wetter und reden auf Englisch lieber gleich über Sachen, die uns wichtig sind. Bei mir ist das Fußball, bei ihm die Religion.

Hussein ist Moslem, wie etwa jeder dritte Mensch in Tansania. Wir sind mitten im Ramadan. Ob ihm das Fasten schwerfalle? »Schon irgendwie«, sagt er, »aber wenn es einfach wäre, könnte es jeder.« Dann fragt er mich, wie ich ausgerechnet Fan von Arminia Bielefeld sein könne. »Wenn es einfach wäre, könnte es jeder.« Touché. Wir nicken uns zu.

Zurück zum Berg. »Weißt du, wer ihn als Erstes bestiegen hat?«, fragt mich Hussein. »Ja, ein Deutscher«, sage ich und freue mich, dass meine inhaltliche Vorbereitung auf diese Reise, so sporadisch sie auch gewesen sein mag, einen ersten, wenn auch kleinen Achtungserfolg verbuchen kann.

»Über den Wolken strahlt plötzlich aus dem Himmelsblau ein wunderbar erhabenes Bergbild in schneeblendender Weiße hervor, wie eine Erscheinung aus einer anderen Welt.« So steht es im Kilimandscharo-Tagebuch von Hans Meyer, jenem Leipziger Geografen, der nach Jahren vergeblicher Versuche im Oktober 1889 den Kibo, die höchste Erhebung des Massivs, erreichte. Oben hisste er die schwarz-weiß-rote Flagge des deutschen Kaiserreiches und notierte später: »Mit dem Recht des ersten Ersteigers taufe ich diese bisher unbekannte, namenlose Spitze, den höchsten Punkt afrikanischer und deutscher Erde: ›Kaiser-Wilhelm-Spitze‹.«

Ein Berg in Afrika, benannt nach einem Herrscher im fernen Berlin, der zeit seines Lebens selbst nie den afrikanischen Kontinent betreten sollte. Erst 1964, als Tansania auch die britische Kolonialzeit hinter sich ließ – die deutsche Herrschaft in Ostafrika war da schon ein halbes Jahrhundert Geschichte –, wurde der höchste Punkt des Kilimandscharo umbenannt. Sein neuer Name: Uhuru Peak. »Uhuru« ist Swahili und bedeutet »Freiheit«.

KAPITEL 2

Der Regen prasselt immer noch, als Hussein und ich meine Unterkunft erreichen. Ich hatte mir beim Buchen für die erste Nacht einfach wahllos irgendein Quartier in der Nähe des Flughafens ausgesucht. Erst später wird mir bewusst, dass ich mich für einen besonderen Ort entschieden hatte. Die Kaliwa-Lodge, von alten Bäumen und blühenden Pflanzen umgebene Bauhausarchitektur, hatte einmal dem von mir sehr geschätzten Journalistenkollegen Thilo Thielke gehört. Wie gerne hätte ich mit ihm in der gut ausgestatteten Whiskybar des Hauses über seine vielen Erlebnisse auf dem Kontinent gesprochen. Leider ist er 2020 überraschend verstorben.

Abends im Bett unter dem Moskitonetz lese ich stattdessen endlich die ersten Sätze im Buch von Paul Graetz:

> So undurchführbar eine Fahrt mit dem Kraftwagen quer durch den schwarzen Erdteil von vornherein erscheinen mochte, so lag sie doch vollkommen im Bereich der Möglichkeit. Die falschen Anschauungen über die Beschaffenheit des Landes, welches in weiten Kreisen unseres Volkes durchweg als wild, unwegsam und unwirtlich gilt, liessen den Glauben an das Gelingen dieser neuen Durchquerung Afrikas nur schwer aufkommen. Aber gerade diese falschen Anschauungen durch die Tat zu bekämpfen, war eine der Hauptaufgaben dieser Expedition […].

Jede große Reise braucht ein Versprechen, eine Mission, um sich vom ziellosen Umherziehen abzuheben. Ich blättere zum Foto des Autors. Uniform, Säbel, Stiefel, der Gesichtsausdruck eher scheu, glatt rasiert bis auf den kleinen Schnäuzer. Die Augen blicken direkt in die Kamera. Paul Graetz war zweiunddreißig Jahre alt, als er zum bis dahin größten Abenteuer seines Lebens aufbrach.

Der Abenteurer wusste seine Unternehmung geschickt als nütz-

KILIMANDSCHARO

liche Expedition von wirtschaftlicher Tragweite zu verkaufen. Das Automobil solle in Afrika »als Lasten- und Personentransportmittel erprobt« werden, so Graetz. Bisher seien Waren ja vor allem auf den Köpfen der Einheimischen transportiert worden, da »keine Eisenbahnen nach dem Innern bestanden, und die Tsetsefliege mit ihrem tödlichen Stich den Transport der Güter nach dem Innern mit Last- oder Zugtieren vollkommen ausschliesst«.

Graetz war ein Kind seiner Zeit. Wenn er über die Menschen in Afrika schreibt, benutzt er ein Wort, das inzwischen aus guten Gründen als unaussprechlich gilt und mir beim Lesen aufstößt. Überhaupt wird bereits auf den ersten Seiten vieles über Graetz' Weltsicht klar. Unter den vielen Dutzend Personen, denen er für das Zustandekommen seiner Expedition dankt, findet sich kein einziger Einheimischer. Hatten sie nichts zum Erfolg seiner Reise beigetragen? Natürlich hatten sie das, wie ich später beim Lesen fast jeden Kapitels erfahren sollte. Warum er ihnen trotzdem nicht dankte? Der Journalist Matthias Schulz, der sich das Buch vor einigen Jahren einmal angeschaut hat, nennt es die »Herablassung des Herrenmenschen«, mit der europäische Kolonialisten damals Menschen in Übersee begegneten.

Ich merke an diesem Abend erstmals, auf was ich mich da eigentlich eingelassen habe. Wollte oder besser: sollte ich wirklich auf den Spuren eines Mannes reisen, dessen Blick auf die Welt mich Buchseite für Buchseite provozieren würde? Der sich für etwas Besseres hielt als die Menschen, deren Heimat er durchquerte? Dessen Worte vor allem für afrikanische Leser von heute äußerst schmerzhaft sein dürften? Ich nehme mir vor, es zumindest versuchen zu wollen. Graetz' kolonialer Reisebericht ist für mich schließlich keine Gebrauchsanleitung für den richtigen Blick auf die Welt, sondern vor allem eines: ein wichtiges historisches Dokument. Außerdem: Kann man aus der Warte von heute eigentlich jemandem seine Weltsicht von damals vorwerfen? Was wäre

KAPITEL 2

ich selbst für ein Mensch gewesen, wenn ich damals gelebt hätte? Meine Gedanken brennen lichterloh.

Als ob Graetz mein erhitztes Gemüt kühlen will, folgen in seinem Vorwort jetzt erst mal jede Menge trockene Details zu Reiseplanung, Ausrüstung und Budget. Die ganze Expedition soll fünfundsiebzigtausend Mark kosten, rechnet er vor. Nur zweitausend davon aber sind für »Unvorhergesehenes« reserviert. Eine Fehlkalkulation, wie sich schon bald herausstellen sollte. Am Ende der Einleitung gibt es noch eine kleine Medienschelte. Graetz ärgert sich darüber, dass sein Vorhaben in der deutschen Öffentlichkeit anfangs viel zu wenig Widerhall gefunden habe. Unternehmer hätten ihn nicht genügend unterstützt, Journalisten ihn viel zu wenig beachtet: »Während die englische und amerikanische Presse vor meiner Ausreise ihre Vertreter zu mir sandte, um Telegramme, Berichte und Photographien von meiner Expedition zu erwerben, verhielt sich die deutsche Presse vollkommen passiv.«

Eine ganz schöne Diva, dieser Graetz, denke ich, als ich das Buch zuklappe und das Licht ausmache. Jetzt, wo die Augen nichts mehr zu tun haben, übernehmen die Ohren die Verbindung zur Außenwelt. Die Fenster sind geöffnet. Ich höre den Regen, vor allem aber die Geräusche des Waldes. Lautes Geraschel, dazu viele andere undefinierbare Tiergeräusche. Es könnten Frösche oder Kröten sein. In meinem Zimmer habe ich kurz zuvor noch einen Gecko an der Wand gesehen. Möge er die Moskitos fressen, die über meinem Netz ihre Kreise ziehen, mich aber bitte in Ruhe lassen.

Kapitel 3
MOSHI

Am reichlich gedeckten Frühstückstisch nebenan sitzt ein Pärchen und hadert mit seinem Urlaub. »Vielleicht hätten wir besser gar nicht kommen sollen«, sagt sie mit matter Stimme. Sie erinnert mich an Helen aus Hemingways *Schnee auf dem Kilimandscharo*. »In Paris wäre dir so etwas nie passiert. Du hast immer gesagt, du liebst Paris.« Zitiert sie Hemingway? Oder habe ich mir eingebildet, dass sie das gerade gesagt hat? Ich muss raus aus dem edlen Landhaus, rein in die Stadt. So schön es ist, sich als Tourist unter seinesgleichen verwöhnen zu lassen, so fremd ist mir diese Art des abgeschotteten Reisens.

Hussein und ich bleiben ein Team. Er hat mir angeboten, mich nach Moshi zu fahren, das am Fuße des Kilimandscharo liegt. Dort will ich die nächste Nacht verbringen. Unterwegs sprechen wir wieder über den kaisertreuen Bergsteiger Hans Meyer. Dieser hatte, das zeigen alte Fotos, vor seinem Gipfelsturm in Moshi auch den Mangi Meli, einen jungen Anführer des Volkes der Chagga, getroffen. Ihm und anderen Chagga-Fürsten hatte die Gegend rund um den Kilimandscharo gehört, bevor die Deutschen sie ihnen streitig machten.

»Ja, ich kenne die Geschichte vom Mangi Meli«, sagt Hussein. Der junge Chief hatte sich erst mit den Kolonialherren arrangiert, wollte später aber die von den Deutschen eingeführte Hüttensteuer nicht akzeptieren. Daraufhin wurde er von den Besatzern einer Verschwörung bezichtigt und zum Tode verurteilt. Am 2. März 1900 wurden er und achtzehn Mitstreiter gehängt. Am Strick soll der Mangi Meli stundenlang mit dem Tod gerungen haben, bis ein

KAPITEL 3

deutscher Offizier ihn per Kopfschuss schließlich ins Jenseits beförderte.

Den Schädel trennten die Deutschen ab, höchstwahrscheinlich um ihn zurück ins Reich zu schicken, als Forschungsobjekt für wirre Rassentheorien. In den Kellern von Universitätskliniken und Museen lagern in Deutschland noch heute unzählige menschliche Gebeine aus vielen Teilen der Welt, in denen die Deutschen einst Kolonialgeschichte schrieben – Papua-Neuguinea, Namibia, Tansania. Welcher Schädel woher genau stammt, ist dabei oft kaum noch nachzuvollziehen. Mir graust es bei der Vorstellung, wie es in diesen Archiven aussieht.

Über den Mangi Meli habe ich erstmals in einem Buch von Bartholomäus Grill gelesen. Der langjährige Afrikakorrespondent schildert darin die Folgen, die der Schädelraub für die Chagga bis heute hat. Weil der Kopf im Grab fehle, könne der Geist des Anführers nicht ruhen. Das wiederum bringe Unglück, so der Glaube der Chagga. Armut, Krankheit, sogar Naturkatastrophen würden mit dem fehlenden Kopf in Verbindung gebracht. Was mich besonders fasziniert hat: In Grills Buch kommt auch ein Enkel des Mangi Meli zu Wort, der in einem kleinen Haus in der Nähe des Baums wohnen soll, an dem sein Großvater einst gehängt wurde. Die Heimholung des Schädels sei noch immer sein großer Traum.

»Komm, lass uns hinfahren und nachsehen, ob dieser Enkel noch lebt und mit uns sprechen will«, sage ich zu Hussein.

Über sandige Straßen geht es leicht bergauf nach Old Moshi, das wir nach etwa einer Stunde erreichen. Ein paar Frauen verkaufen am Wegesrand Obst und Gemüse, auf einem Schild steht »Shule«. Das deutsche Wort hat es leicht verändert ins Swahili-Vokabular geschafft. Sonst erinnert hier oben auf den ersten Blick wenig an die deutsche Besatzung vor mehr als einhundert Jahren.

Wir haben Glück, Isaria Meli lebt tatsächlich noch und den glatzköpfigen Alten mit seinen grauen Augenbrauen als »rüstig«

zu bezeichnen, wäre deutlich untertrieben. »Kommt rein, macht es euch bequem«, sagt er mit lauter Stimme und auf Englisch, offenbar hocherfreut über unseren unangekündigten Besuch. In seinem gelben T-Shirt klafft ein Loch, aber er hat sich schnell ein dunkles Jackett übergeworfen, um es zu verbergen. Kinder und Kindeskinder laufen und sitzen um ihn herum, in der Ecke spielt ein altes Radio Musik von Wyclef Jean.

Als er Isaria erstmals für seine Recherchen getroffen habe, sei dieser siebenundsiebzig Jahre alt gewesen, schreibt Grill in seinem Buch. Wie alt er heute sei, frage ich ihn, nachdem wir uns lange gegenseitig die Hände geschüttelt haben. »Ich bin einundneunzig, erfreue mich aber Gott sei Dank noch immer bester Gesundheit«, sagt Isaria und lächelt. »Unsere Leute haben mit Messern und Speeren gekämpft, die Deutschen mit Gewehren und anderen modernen Waffen.« Isarias Augen sind hellwach. Er ist sofort bei der Sache, als wir ihn nach dem Aufstand seines Großvaters gegen die kolonialen Besatzer fragen. Wenn er spricht, malen seine Finger ausschweifende Bilder in die Luft, als wäre er bei allem selbst dabei gewesen.

»Da unten, wo ihr von der Hauptstraße abgebogen seid, da haben die Deutschen und ihre Askaris mit meinem Großvater gekämpft. Nach Jahren des erfolgreichen Widerstands haben sie ihn schließlich geschnappt und hier in diesem Gebäude, in dem wir jetzt sitzen, gefangen gehalten. Dann haben sie ihn an dem Baum da drüben aufgehängt.« Die von Isaria erwähnten Askaris waren einheimische Soldaten im Dienst der Kolonialtruppen. Isaria deutet aus dem Fenster, schiebt seine schwarze Lesebrille noch ein Stückchen die Nase herunter und blickt mir in die Augen. »Und jetzt sage ich dir, was mein Großvater gesagt hat, bevor er starb. Hör genau zu, denn das ist wichtig.« Ich fühle mich wie ein Schüler, der jetzt besser keinen Fehler machen sollte. »Eines Tages werde ich wiederkehren. Das hat Chief Meli gesagt. Und wir alle wissen, dass es so kommen wird.« Isaria hält inne und horcht seinen eigenen Worten

KAPITEL 3

nach. Eine Kunstpause? Oder sammelt er nur seine Gedanken? So oder so, es wird still im Raum. Hussein und ich schauen uns an. Die Geschichte des alten Mannes, der den Schädel seines ermordeten Großvaters sucht, um seinem Volk das Glück zurückzubringen, berührt uns.

»Seht mal hier, sie haben mich sogar nach Berlin eingeladen«, sagt Isaria plötzlich und verteilt ein paar Fotos auf dem Tisch. Wahrhaftig, da steht er vor dem Brandenburger Tor, da sitzt er auf einer Veranstaltung inmitten von Menschen, die ihm angeregt zuhören oder zumindest so tun. 2018 war das. Auf Initiative eines tansanischen Mitstreiters, der in Berlin seit vielen Jahren für eine gründliche Aufarbeitung der Kolonialzeit und die Rückführung menschlicher Überreste kämpft, habe er sich ins Flugzeug gesetzt, um »vielen wichtigen Leuten meine Geschichte zu erzählen«, erzählt Isaria. Auch habe er dort eine DNA-Probe abgegeben. »Um herauszufinden, welcher Schädel nun der richtige ist.«

Was aus der ganzen Sache wurde? Die DNA-Probe habe leider keinerlei Übereinstimmungen ergeben, wird einige Zeit nach Isarias Berlinreise bekannt. »Aber alles wird trotzdem gut«, betont Isaria und lächelt noch freundlicher als zuvor. »Wir werden den Kopf meines Großvaters finden, ganz sicher.« Mir ist nicht klar, woher der alte Mann die Zuversicht nimmt. »Nun«, sagt der, zuletzt habe sich alles »wegen Corona und so« verzögert. Außerdem sei ja Tansanias Präsident gestorben. Deswegen hätten sich viele wichtige Leute nicht um sein Anliegen kümmern können. Das würde sich jetzt aber endlich wieder ändern.

Wir bleiben noch ein paar Stunden. Isaria erklärt uns, dass es ihn freue, wenn hin und wieder mal ein Journalist bei ihm vorbeischaue, manchmal sogar ein paar Touristen. Dann fragt er mich, ob er mir sein Grundstück zeigen dürfe. »Natürlich«, sage ich. Langsamen Schrittes gehen wir nebeneinander durch den Garten, in den Baumkronen springen Affen von Ast zu Ast. »Schau mal dort

MOSHI

drüben«, sagt Isaria und deutet auf ein paar verwitterte Grabsteine. »Emil Ax, Lieutenant in der kaiserlichen Schutztruppe, gefallen 1893«, steht gut lesbar auf einer der Inschriften. Ich muss an Paul Graetz denken. Auch er war, bevor er als Abenteurer auf eigene Faust den afrikanischen Kontinent mit dem Auto durchquerte, als Schutztruppensoldat in Deutsch-Ostafrika stationiert.

Isaria blickt auf die Gräber. »Mein Großvater hat die Deutschen, die hier in unserem Land gestorben sind, ehrenvoll beerdigen lassen. Ich verstehe nicht, warum sie ihm nicht dieselbe Ehre erweisen konnten.« Ich weiß nicht, was ich sagen soll. Zwar hatte ich gehofft, auf dieser Reise möglichst lebensnahe Erfahrungen mit der Kolonialgeschichte zu machen. Dass ich gleich zu Anfang eine so intensive persönliche Begegnung erlebe, überfordert mich dann aber doch. »Schick gerne weitere Besucher aus Deutschland zu mir«, sagt Isaria zum Abschied. »Und sag allen Deutschen, dass das Volk der Chagga ihnen verziehen hat. Sie können sich hier bei uns sicher bewegen und sind hochwillkommen.«

Hussein hat mich in Moshi abgesetzt. Die Sonne geht unter und mir schwirrt der Kopf. Das Problem geschichtsinteressierter Reisender ist, dass sie Gefahr laufen, alles, was sie sehen, durch ein historisches Prisma zu betrachten. In der Bar, in der ich den Abend verbringe, will freilich niemand mit mir über Vergangenes sprechen. Nach dem Tag mit Isaria brauche ich eine Weile, um das zu kapieren. Hier interessieren sich die Leute in dem Moment nur für das, was gerade auf der Leinwand läuft: Fußball. Simba SC, einer der großen Klubs Tansanias, spielt und die Kneipe platzt aus allen Nähten. Funktionsjackenträger und andere Touristen sucht man hier vergebens. Alle sind von hier, fast alle tragen das rote Simba-Jersey. »Du kannst hier bei uns am Tisch sitzen«, sagt ein junger Mann, der offensichtlich gleichzeitig so etwas wie der Bar-DJ ist. Vor ihm steht ein gewaltiges Mischpult.

KAPITEL 3

Ich bestelle Bier und Chipsyai, ein Gericht, von dem ich nicht weiß, was es ist. Auf einer vorherigen Südamerikareise habe ich mit dieser Wundertütentaktik mal schlechte Erfahrungen gemacht, als ich am Amazonas auf der Speisekarte das wohlklingende Wort »Mojojoy« auswählte und dann drei flambierte Riesenmaden serviert bekam. Diesmal aber habe ich Glück. Chipsyai ist harmlos, eine Art Omelette mit Pommes und Chilisauce.

Als Simba aus elf Metern zum Sieg trifft, kennt der Jubel keine Grenzen mehr. Während einer meiner Pinkelpausen übergibt sich neben mir ein völlig besoffener Fan ins Pissoir. Ein bedauernswerter Putzmann mit Eimer, Wasserschlauch und Feudel eilt herbei. Er trägt ein strahlend weißes Polohemd und wirkt auch sonst irgendwie erhaben. Als er merkt, dass ich ihm gedankenversunken zuschaue, grinst er und hebt den Daumen.

Als einziger Ausländer bin ich in der Kneipe eine Attraktion. Verschwitzte Arme packen mich, lallende Stimmen versuchen mir zu erklären, warum Simba der beste Verein der Welt ist. Ich genieße die ausgelassene Stimmung und bekomme ein Bier nach dem anderen in die Hand gedrückt. Als nach dem Spiel die Vereinshymne erklingt, kann ich nicht anders, als mitzusingen. Meine Füße bewegen sich im schnellen Takt. Ich tanze und werde unversehens Teil einer johlenden Masse. Ein paar Meter entfernt bildet sich ein Kreis, in dessen Mitte ein Tänzer besonders begeistert beklatscht wird. Es ist der Putzmann im weißen Polo, der den Wischmob elegant hin und her bewegt und dabei das Simba-Lied singt.

Nach viel zu wenigen Stunden klingelt der Wecker. In meinem brummenden Schädel läuft noch immer die Simba-Vereinshymne in Endlosschleife. Ich habe von Isaria, dem Mangi Meli und Paul Graetz geträumt. Und von Tausenden Schädeln in irgendwelchen Berliner Museumskellern.

Hussein steht schon vor dem Hotel, bereit, mich zum Flughafen zu fahren. Mir ist mein arg derangierter Zustand peinlich und so

MOSHI

versuche ich mich wegzudrehen und aus dem Fenster zu atmen, aber Hussein, der tapfer fastende Muslim, hat meine Alkoholfahne trotzdem gerochen. Amüsiert blickt er zu mir rüber. »Harte Nacht gehabt?« Auf unseren Abschiedskilometern erzählt er mir von seinem Traum, sich irgendwann ein eigenes Taxi zu kaufen und damit selbstständig zu machen. Mit einem Flugzeug geflogen sei er übrigens noch nie.

Ich erzähle ihm, dass mein heutiger Flug, der über Sansibar nach Daressalam geht, auch für mich der letzte auf dieser Tour sein wird. Danach soll es für mich mit Bus, Bahn, Schiff, nötigenfalls auch per Anhalter oder zu Fuß über Tausende Kilometer und viele Grenzen hinweg auf dem Landweg vom Indischen Ozean zur afrikanischen Westküste gehen. Paul Graetz, dessen Buch ich am Morgen mit zittrigen Händen wieder in meinen Rucksack gestopft habe, benötigte für diese Reise mit dem Auto seinerzeit sechshundertdreißig Tage. »Na, dann hoffe ich, dass du nicht so lange unterwegs sein musst«, sagt Hussein dazu nur. »Ich glaube nicht«, antworte ich. »Inshallah.« Ein kurzer Handschlag, dann trennen sich unsere Wege.

Im Flugzeug sitze ich neben einer Studentin, die ein Buch über Julius Nyerere liest, den Vater der tansanischen Nation und ersten Präsidenten nach der Kolonialzeit. Wir kommen ins Gespräch. Gemeinsam mit seinem Volk wollte Nyerere einst »eine Kerze anzünden und auf die Spitze des Kilimandscharo stellen, damit sie über die Grenzen unseres Landes scheine«, erklärt mir meine Sitznachbarin. Ja, genau so habe er das einmal in einer berühmten Rede gesagt. »Die Kerze«, so zitiert sie weiter, »möge Hoffnung geben, wo Hoffnungslosigkeit herrschte, Liebe, wo Hass war, und Würde, wo man vorher nur Demütigung kannte.«

Durch das Fenster sehen wir den kargen Gipfel. Es liegt fast kein Schnee auf dem Kilimandscharo. Dann verschwindet der Berg hinter den Wolken. Unser Pilot nimmt Kurs auf die Küste des Landes, das einmal für ein paar Jahrzehnte Deutsch-Ostafrika hieß.

Kapitel 4
DARESSALAM UND SANSIBAR

Als Paul Graetz am 3. August 1907 per Schiff Daressalam erreichte, notierte er:

> Der reizvolle Anblick, den die sich im weiten Bogen hinziehende Stadt mit ihren, aus dem freundlichen Grün der Palmen und Mangobäume hervorschauenden Europäerhäusern, den beiden mächtigen nebeneinander hochragenden Kirchen dem Ankömmling bietet, ist wohl geeignet, in ihm frohe Hoffnung zu erwecken für seine Pläne, die ihn in diesen Hafen führten.

Neben ihm an der Reling stand ein Reisebegleiter aus Deutschland, ein gewisser »Herr von Roeder«, der sich in letzter Minute der Expedition angeschlossen hatte. Auch ein Chauffeur war dabei. Er sollte das Automobil unter Anleitung des Expeditionsleiters einmal quer durch Afrika fahren. Noch aber hing das Wunderwerk der Technik, verpackt in einer zweieinhalb Tonnen schweren Kiste, am Frachthaken der *Feldmarschall*, eines der großen Dampfer der Deutschen Ost-Afrika-Linie, die das deutsche Kaiserreich damals mit seiner Kolonie verband.

Der Hafen ist auch heute noch die Herzkammer Daressalams. Schon aus der Luft habe ich die unzähligen Frachtschiffe gesehen, die in der Bucht auf die Löschung ihrer Ladung warten. Fast alles, was Tansania, aber auch die vom Ozean abgeschnittenen Nachbarländer Malawi und Sambia importieren, muss durch dieses Nadelöhr. Hinter meterhohen Zäunen stehen unzählige europäische

DARESSALAM UND SANSIBAR

Gebrauchtwagen, amerikanische Landmaschinen und in Containern verpackte chinesische Haushaltsgeräte. Die Zollabfertigung braucht Zeit.

An der Rezeption meiner Unterkunft begrüßt mich das Konterfei des Aga Khan, was darauf hindeutet, dass der Besitzer des Hotels ein Ismaelit ist. Die schiitische Gruppe verfügt hier über großen Einfluss. Ihre Schulen und Krankenhäuser gehören zu den besten Tansanias. Im lichtdurchfluteten Hotelrestaurant im ersten Stock bin ich der einzige Gast. Die Küche des Hauses schmeckt nach Indien oder Pakistan. Curry, Reis, scharf, traumhaft.

Daressalam, ein arabischer Name, bedeutet wörtlich übersetzt »Haus des Friedens«, im Koran wird so das Paradies beschrieben. Ich gehe die Sikunu Street hinab, kreuz und quer durch die engen Gassen, wo Händler lautstark ihre Gewürze anpreisen. Hupende Mopeds und ratternde Kleintransporter bahnen sich ihren Weg durch das Gewusel. Mehrmals muss ich in letzter Sekunde aus dem Weg springen. Wenn das das Paradies ist, ist es ein verdammt hektisches.

Zu Graetz' Zeiten ging es in Daressalam deutlich ruhiger zu. Sein motorisiertes Fahrzeug war hier damals allein auf weiter Flur. Durch die »sonnenhellen Strassen unserer Kolonialhauptstadt«, schreibt er, ging es, »umbraust von dem Jubel der schwarzen Bevölkerung, mit ungeteiltem Interesse von den Blicken der Europäer verfolgt«, rüber zum Hotel Kaiserhof, dem Ausgangspunkt der großen Reise.

Die Palmen und Mangobäume, die Graetz einst beschrieb, gibt es auch heute noch, aber nur dort, wo die Reichen wohnen und sich grüne Gärten gönnen. Daressalam ist eine der am stärksten wachsenden Metropolen Afrikas und damit natürlich auch der Welt. Ich streife durch den Stadtteil Oyster Bay. In der Kolonialzeit war er den Deutschen und später den Briten vorbehalten, heute ist er es denen, die ihn sich leisten können. Die Wellblechhüttensiedlungen der Armen sind teils nur wenige Straßenkreuzungen entfernt. Gefühlt sind es Welten.

KAPITEL 4

An einer Ecke trinke ich einen Kaffee und beobachte die vielen Geländewagen mit getönten Scheiben, die sich hier ihren Weg durch die vollgestopften Straßen bahnen. Schwer zu sagen, wer drinsitzt. Wahrscheinlich Geschäftsleute oder gestresste Eltern und ihre Kinder, auf dem Weg zum Ballett oder Geigenunterricht. Die gleichen Leute wie bei uns eben. Wie es wohl wäre, in einem dieser gut gefederten und wohltemperierten Fahrzeuge den Kontinent zu durchqueren? Ich werde es nie erfahren, habe ich mich doch für eine Reise mit öffentlichen Verkehrsmitteln entschieden. Genau in diesem Moment rattert ein völlig überfüllter Minibus vorbei. Mehrere Menschen hängen mit halbem Körper aus der geöffneten Schiebetür. Angesichts dieses Bildes frage ich mich, ob es wirklich eine gute Idee ist, so reisen zu wollen. Mir kommen Zweifel und ich bin froh, dass die erste Etappe meiner großen Afrikadurchquerung erst am nächsten Tag beginnt. Noch bleibt ein wenig Zeit für lockeres Sightseeing.

Inmitten eines Kreisverkehrs streckt mir ein bronzener Krieger sein Bajonett entgegen. Das Askari-Denkmal, errichtet 1927, ehrt Afrikaner, die im Ersten Weltkrieg für Großbritannien im Kampf gegen Deutschland gestorben sind. »Askari« ist das swahilische Wort für »Soldat«. »Wenn du für ein Land kämpfst, auch wenn du stirbst, werden sich deine Söhne an deinen Namen erinnern«, so die englischsprachige Inschrift. »Ehre den afrikanischen Soldaten, die für die unnützen Kriege ihrer Kolonialherren draufgegangen sind«, schreibt dagegen ein tansanischer Besucher auf der Internetplattform TripAdvisor.

Ich gehe weiter. Im Schatten der von alpenländischen Benediktinern gebauten Josefs-Kathedrale, von deren Architektur auch Paul Graetz in seinem Buch schwärmt, sitzt ein Mann, der sich als Geoffrey vorstellt und gekochte Eier verkauft. Eigentlich arbeite er als Künstler, genauer gesagt als Maler, erzählt er mir mit ernster Stimme. Wir blicken hoch zum weiß gestrichenen Glocken-

DARESSALAM UND SANSIBAR

turm. »Die Kirche haben die Deutschen damals gebaut«, sagt er. »Schön, oder?«

Als Geoffrey erfährt, dass ich selbst aus Deutschland komme, ist sein Ehrgeiz geweckt. Jede noch so abseitige Vokabel oder Redewendung meiner Sprache, die es auf mir unergründlichen Wegen in sein Gehirn geschafft hat, kramt er hervor. Das Ganze gipfelt in einem Kurzreferat darüber, warum das swahilische »Hakuna Matata« sehr viel mit dem deutschen »Eile mit Weile« gemein habe. Ich muss laut lachen und merke, dass der Vortrag gut einstudiert ist. Geoffrey hat mich am Haken. »Normalerweise würdest du mir jetzt eines deiner Bilder aufquatschen, stimmt's?«, frage ich. »Ja, aber du hast ja schon gesagt, dass du keinen Platz im Gepäck hast.«

Wir schlendern schließlich gemeinsam runter zum Fähranleger. Sofort sind wir umringt von mit Klemmheftern bewaffneten Ticketverkäufern. Wenn man das richtige Schiff nimmt, ist man von hier in weniger als zwei Stunden auf Sansibar, jenem weißsandig gesäumten Flecken im Ozean, auf dem ich vor einigen Tagen bereits für einen Zwischenstopp gelandet war. Dass Sansibar kein Paradies ist, merkt man spätestens dann, wenn man durch die Slums geht, die die nicht ungefährliche Inselhauptstadt Stone Town umranden. In manchen Moscheen wird ein strenger Islam gepredigt, während nur ein paar Kilometer weiter polnische Pauschaltouristinnen in Bikinis schon morgens Unmengen Bier trinken.

Geoffrey, der eierverkaufende Maler, weiß viel über die Geschichte seiner Heimat. »In Sansibar saßen früher die Sklavenhändler, hier vom Festland kam ihre menschliche Ware.« In kurzen Sätzen erzählt er mir von Männern wie Tippo Tip, jenem berühmt-berüchtigten arabischen Händler, der in der zweiten Hälfte des neunzehnten Jahrhunderts von Sansibar aus seine Handlanger mit Karawanen ins Herz Afrikas schickte, von wo aus sie dann arbeitsfähige Männer an die Küste trieben. Wer von ihnen die brutalen Märsche überlebte, wurde auf den Märkten von Stone Town meistbietend verkauft.

KAPITEL 4

Tippo Tip stand in der Blüte seines brutalen Schaffens, als 1884 der nicht minder berüchtigte deutsche Kolonialist Carl Peters auf Sansibar anlandete. Es dauerte nicht lange, bis Tips Vorgesetzter, der Sultan von Sansibar, sich mit Deutschen und Briten arrangierte. Peters erhielt große Territorien auf dem Festland, die wenig später zu »kaiserlichen Schutzgebieten« erklärt wurden. Lokale Herrscher wurden getäuscht oder abgesetzt, Menschen massakriert, Deutsch-Ostafrika entstand. Die Tatsache, dass sich die Europäer zu dieser Zeit die Bekämpfung des Sklavenhandels auf die Fahnen geschrieben hatten, hielt sie nicht davon ab, eng mit Leuten wie Tippo Tip zusammenzuarbeiten.

Geoffrey und ich sind wieder am Kreisverkehr mit dem Askari-Denkmal angekommen. Einst thronte hier die Statue eines Deutschen: Hermann von Wissmann, ihm zu Füßen ein erlegter Löwe, über den ein Askari, dieses Mal natürlich ein für Deutschland kämpfender, eine Reichsflagge senkt. Bevor Wissmann Gouverneur von Deutsch-Ostafrika wurde, machte er sich als Forscher und Expeditionsleiter auf dem afrikanischen Kontinent einen Namen. Später erteilte ihm Reichskanzler Bismarck den Befehl, mit einer Privatarmee an der ostafrikanischen Küste einen Aufstand von Arabern niederzuschlagen. Die sogenannte Wissmann-Truppe ging äußerst brutal vor, brannte ganze Dörfer nieder. Es ging um die Wahrung deutscher Kolonialinteressen, aber offiziell eben auch um die Bekämpfung des Sklavenhandels.

»Die Deutschen haben hier tatsächlich die Sklaverei beendet«, sagt Geoffrey, sichtlich bemüht, etwas Nettes über meine Vorfahren zu sagen. Es ist ein Satz, den ich auf meiner Reise durch Tansania noch einige Male hören und lesen werde. Auch viele Europäer, die der Kolonialzeit Gutes abgewinnen wollen, sagen und schreiben ihn oft und gerne. Genauso gerne verschweigen diese Verklärer allerdings auch, dass die Sklaverei durch Zwangsarbeit und andere grausame Arten der Unterwerfung ersetzt wurde.

DARESSALAM UND SANSIBAR

Was aus dem Wissmann-Denkmal wurde? 1916 bauten es die siegreichen Briten in Daressalam ab und verschifften es zunächst als Kriegstrophäe nach London. 1921 landete es nach Verhandlungen mit der britischen Regierung in Hamburg, wo man es im Jahr darauf vor der Universität aufstellte. In den Sechzigerjahren wurde es von Studenten aus Protest gegen Deutschlands koloniales Erbe und dessen Verklärung gestürzt. 1968 wurde Wissmanns Ebenbild schließlich eingelagert und verschwand endgültig aus dem öffentlichen Raum. 1968 war auch das Todesjahr von Paul Graetz.

Der einflussreiche Sklavenhändler Tippo Tip starb übrigens bereits 1905 an Malaria. Graetz, der 1907 auf seiner Schiffsanreise wegen eines Pestausbruchs auf Sansibar vorsichtshalber einen Bogen um die Insel machte, verpasste ihn im Rahmen seiner Afrikadurchquerung also nur knapp. Bereits zu Anfang der großen Reise machte er sich allerdings ausgiebig Gedanken über die Frage, wie die deutsche Kolonialmacht auch nach dem Ende der Sklaverei am besten von der Arbeitskraft der Einheimischen profitieren könnte. Man müsse, so Graetz, die Steuern so hoch ansetzen, dass der lokalen Bevölkerung gar nichts anderes übrig bleibe, als zu arbeiten, um ihre Schulden zu begleichen, schreibt er. Die Besteuerung müsse »mit Nachdruck durchgeführt und soweit irgend erreichbar in barer Münze anstatt in Rohprodukten eingetrieben« werden. Das würde die lokale Bevölkerung dann schon zur Arbeit auf den Plantagen treiben: »Dass für diesen Zweck die Kopfsteuer der Hüttensteuer vorzuziehen ist, weiss jeder zu bezeugen, der jemals in amtlicher Stellung Gelegenheit gehabt hat, zu beobachten, wie meisterhaft geschickt der Schwarze sich um die Hüttensteuer zu drücken versteht.«

Was warst du eigentlich für ein Typ, Paul Graetz? Je mehr ich in dem Buch lese, desto öfter ertappe ich mich dabei, diese Frage laut vor mich hinzumurmeln. Ein Rassist? Ganz offensichtlich. Ein glühender Kolonialist? Sowieso. Was ich zu diesem Zeitpunkt aber

KAPITEL 4

überhaupt nicht beantworten kann, ist die Frage, ob Graetz im Vergleich zu seinen kolonialen Zeitgenossen eher ein Hardliner oder eher ein fortschrittlicher Geist war.

In seiner Zeit als Schutztruppenoffizier habe sich Graetz den Einheimischen gegenüber vergleichsweise »fürsorglich und ausgesprochen weitsichtig«* verhalten und die Verletzung der Menschenrechte der lokalen Bevölkerung kritisiert. Das schreibt der Hobbyhistoriker Carsten Möhle, auf den man stößt, wenn man im Internet nach Informationen zu Graetz sucht. Möhle, ehemaliger Bundeswehrsoldat und heute erfolgreicher Reiseveranstalter, ist wohl der einzige Mensch weltweit, der sich in den letzten Jahren ausgiebig mit dem Lebenswerk von Graetz befasst hat. Carsten lebt seit vielen Jahrzehnten im südlichen Afrika und man tritt ihm wohl nicht zu nahe, wenn man ihn als exzentrischen Abenteurer bezeichnet. Oder wie sollte man jemanden nennen, der von sich behauptet, in seiner Freizeit gerne auf Vulkankratern zu surfen oder in einer umgebauten Schrankwand den Kongo hinunterzupaddeln?

Carsten und ich stehen zu diesem Zeitpunkt im losen E-Mail-Kontakt. Wenn unsere Terminpläne es zulassen, werden wir uns im Laufe meiner Reise noch persönlich treffen, um über Graetz und seine Beziehung zu Afrika und den Afrikanern zu plaudern. Ich habe schon jetzt viele Fragen. Wie kann es etwa sein, dass Graetz einerseits so kaltherzig über die Ausbeutung der Arbeitskraft der Menschen in den deutschen Kolonien schreibt, gleichzeitig aber wie im folgenden Zitat in den wärmsten Worten von diesem Kontinent schwärmt?

> Der Vergleich zwischen Afrika und einer schönen Frau ist
> so oft schon nicht zu Unrecht gewählt – wer sie zum ersten
> Male schaut, diese Schönheit, oder wer ihr den Rücken ge-

---

* Siehe http://www.paulgraetz.de.

DARESSALAM UND SANSIBAR

wandt, von ihrer Zaubermacht zurückgezogen sie wiedersieht, steht unter dem gleichen Banne; gar manchen hat sie in seiner Hoffnung betrogen, doch manch einer auch ist dankbar und verschwiegen.

Ich bin so vertieft in meine Gedanken zu Graetz, dass ich, ohne es zu merken, mitten im Zentrum Daressalams in die Kulisse eines Videodrehs gelaufen bin. »Cut«, ruft ein Mann mit schwarzgrauem Oberlippen- und Kinnbart, offenbar der Regisseur. Die zwei Jungs vor der Kamera hören auf zu rappen. Ich entschuldige mich bei dem Team und wir beginnen ein wenig zu plaudern.

Auch wenn sie es mir geduldig zu erklären versuchen, ganz genau verstehe ich nicht, was sie da filmen. Es ist offenbar eine Art Videowettbewerb, in dem junge Musiker zeigen, was sie draufhaben. Am Ende soll alles im Fernsehen ausgestrahlt werden. *Beats* heißt das Programm. »Jetzt, da du uns hier schon unterbrichst, musst du mitmachen«, ruft Solomon, der Regisseur, schließlich. Es dauert keine zwei Minuten, da habe ich ein Mikrofon in der Hand und soll folgenden Satz in die Kamera sagen: »Hello, my name is Simon from Germany, and you are watching ›Beats‹!« Der Clip werde dann in den Werbepausen laufen, sagt man mir noch, »damit die Leute dranbleiben«. Nun denn.

Ich fühle mich etwas überrumpelt, erfülle die mir auferlegte Aufgabe trotzdem mit größtmöglicher Hingabe. Allerdings frage ich mich auch, ob die gestammelten Worte eines verschwitzten und schlecht angezogenen 40-jährigen Deutschen die Zielgruppe – laut Solomon immerhin »die coolen Kids Tansanias« – nicht eher zum Abschalten als zum Dranbleiben animieren. Sei's drum, der Kameramann jedenfalls ist zufrieden mit meinem Auftritt. Ob ich den Text noch mal einsprechen und dabei vielleicht »ein paar mehr coole Gesten« machen soll, frage ich, inzwischen leicht übermotiviert. »Nein, alles okay.« Ich kann seine Gedanken lesen: »Übertreib es nicht, Alter.«

KAPITEL 4

Solomon und ich unterhalten uns noch eine Weile. Er, der nicht nur als Videoregisseur, sondern auch als Musikproduzent arbeitet, gibt mir einen Crashkurs in ostafrikanischer Popkultur. Der Sound, um den sich für Tansanias Jugend schon seit Jahren alles drehe, nenne sich »Bongo Flava«, erklärt er. »Bongo« sei eine Art Spitzname für das Land Tansania. Und »Flava«? »Wie Flavour halt, das Aroma.« Wir hören ein paar Takte. Es ist eine Mischung aus Hip-Hop, R'n'B und Reggae. Gesungen und gerappt wird auf Swahili. Ja, die Texte und Videos seien »voller dicker Karren und wackelnder Ärsche«, sagt Solomon augenrollend. Es gehe aber inhaltlich auch oft um ernste politische und soziale Themen. Das sei schließlich die Tradition des Bongo Flava – »auf Missstände hinweisen und die Mächtigen kritisieren«.

Von Armut bis Korruption, Missstände gibt es in Tansania genug. Kritisieren ist möglich: Seit dem Ende der sozialistischen Einparteienherrschaft Mitte der Neunziger ist das Land eine mehr oder weniger funktionierende Demokratie. Unter dem letzten Präsidenten, einem möglicherweise an Corona gestorbenen Corona-leugner, der zeit seines Amtes auf den wenig schmeichelhaften Spitznamen »Bulldozer« hörte, kam zwar die Zensur zurück, viele Bongo-Flava-Künstler konnten sich aber trotzdem ihren kritischen Geist bewahren.

Ob er mir eine Playlist für meine Reise zusammenstellen könne, frage ich. Solomons Augen glänzen. »Auf jeden Fall«, sagt er. Noch am selben Abend landen Dutzende Songs auf meinem Smartphone. Bongo Flava wird so zum Soundtrack meiner ganz persönlichen Afrikadurchquerung und ich werde, zumindest ein bisschen, zum Bongo-Flava-Experten. Zugegeben, ich verstehe natürlich kein Wort von dem, was *Diamond Platnumz*, *Rayvanny*, *Ommy Dimpoz* oder *Whozu* singen. Ich bilde mir aber ein, dass es in all ihren Songs um ernste Themen geht.

MOROGORO

Die erste große Überlandfahrt meiner Reise beginnt mit zwei kaum verzeihbaren Anfängerfehlern.

Fehler Nummer eins: Ich verlasse mich auf eine im Internet recherchierte Information, wonach Busse und Sammeltaxis in Richtung Landesinnere in Daressalam immer von einem bestimmten Platz im Zentrum losfahren. Nachdem ich morgens um sechs Uhr das Hotel verlassen habe, laufe ich stundenlang suchend durch die staubigen Straßen, nur um irgendwann den Tipp zu bekommen, dass die Stadtregierung vor Kurzem einen neuen Busbahnhof außerhalb des Zentrums gebaut hat, von dem jetzt alles losfährt. Als ich dort endlich ankomme, ist der halbe Vormittag schon vorbei.

Fehler Nummer zwei: Am Busbahnhof gehe ich davon aus, dass es keinen Unterschied macht, bei welcher Transportfirma man seine Reise bucht. Hätte ich vielleicht doch besser auf die alte Dame hören sollen, die mir beim Vorbeigehen zuraunte, »doch nicht bei diesem Typ« mein Ticket zu kaufen? »Du musst zu Abood gehen, die sind besser«, sagte sie. Zu spät. Der Mann hat meine Fahrkarte bereits ausgestellt, jetzt nimmt er mich an die Hand und leitet mich durch das Chaos.

Wir steigen über Familien, die auf dem Boden sitzen, Hühner in Käfigen, gewaltige Säcke mit wer weiß was darin. Irgendwann stehen wir vor einem Bus, der innen zwar ganz in Ordnung, außen aber recht zusammengeflickt aussieht. Verbeulte Teile, die nicht zusammenpassen, wurden da lieblos aneinandergeschweißt. Wir fahren los und stehen ein paar Kilometer später mit streikendem

KAPITEL 5

Motor am Straßenrand. Ein knallroter moderner Reisebus rauscht vorbei, »Abood« steht dran.

»Eile mit Weile«, würde mein Freund Geoffrey sagen. Und tatsächlich, irgendwann geht es auch bei uns weiter. Viele neue Passagiere sind während unserer Panne zugestiegen. Weil mein Rucksack jetzt nur noch im Fußraum vor meinem Vordersitz Platz findet, berühren meine Knie meine Ohren. »Das sieht aber nicht bequem aus«, sagt mein Sitznachbar. Ich grummele einen leisen Fluch vor mich hin und strafe den Mann ansonsten mit Nichtachtung.

Langweilig wird es auch so nicht. Das liegt vor allem daran, dass unser Fahrer gegen Provision immer wieder Vertreter mitnimmt, die uns Passagieren dann ihre Produkte präsentieren. Die Busreise als Butterfahrt, der Mittelgang als Marktstand. Eine Frau verkauft Hygieneartikel. »Leute, schaut euch meine weißen Zähne an«, ruft sie und sofort geht ein Raunen durch den Bus. »Wenn ihr auch so schöne Zähne haben wollt, müsst ihr nur diese kleine Flasche von meinem selbst gemachten Mundwasser kaufen.« Ich bin überzeugt, zücke mein Portemonnaie und zahle.

Die Straßen sind dicht, ein Stau nach dem anderen. Vor dem Fenster rütteln seit einer gefühlten Ewigkeit die nicht enden wollenden Ausläufer von Daressalam vorbei. Die letzten Fransen der Stadt, Sandpisten mit Schlaglöchern, kleine Geschäfte mit liebevoll bemalten Wänden. Die Firma *Victory Coffins* verkauft Särge. Ihr Logo ist ein offener Sarg, aus dem sich eine Hand mit Victoryzeichen emporstreckt. Geniales Marketing. »Wir Tansanier sind echte Verkaufstalente«, sagt mein Sitznachbar ungefragt. Noch 150 Kilometer bis Morogoro.

»Die Höhe hinab saust der Wagen in das erste Dorf; Menschen, Esel, Schafe, Hühner, Ziegen, Enten, kläffende Hunde – alles rennt, rettet, flüchtet. Ehe die guten Leute recht zur Besinnung kommen, liegen die letzten Hütten längst hinter uns.« Tatsache, im Sommer 1907 war auch Paul Graetz auf dem Weg nach Morogoro.

MOROGORO

Mit fünfundzwanzig Kilometern pro Stunde ratterte sein Gefährt gen Westen. Chauffeur und Motor leisteten ganze Arbeit, dem Expeditionsteilnehmer war trotzdem angst und bange, ging es doch »hinaus in den Kampf moderner Technik mit den Widerwärtigkeiten eines weiten, wilden, zum Teil noch unbekannten Erdteils«.

Kaum habe ich ein paar Sätze gelesen, knufft mich ein Ellenbogen in die Seite. »Was bitte war das genau für ein Fahrzeug, mit dem der Mann damals unterwegs war?«, fragt mein Sitznachbar, als er ein Foto in meinem Buch sieht. Der anfangs so nervig daherkommende Mann entpuppt sich als netter und hochgebildeter Ingenieur. Von Graetz hat er vorher noch nie etwas gehört. Die Vorstellung aber, dass da einer vor sage und schreibe einhundertfünfzehn Jahren mit einem Auto quer durch Afrika gefahren sein soll, begeistert ihn.

»Es war ein 35-PS-Spezialwagen«, antworte ich. So steht es in Graetz' Buch, aber auch im offiziellen Archiv der Firma Mercedes-Benz. Gebaut hatte das Fahrzeug nämlich ein Vorgängerunternehmen von Benz, die Süddeutsche Automobilfabrik Gaggenau. »Vierzylindermotor mit Magnetzündung und Wasserkühlung«, referiere ich mit Blick in meine Notizen, mein Sitznachbar nickt. »Kettenantrieb über die Hinterachse, außerdem war das ganze Fahrzeug hochgelegt, damit es auch unwegsames Gelände meistern konnte.« Wie das mit dem Benzin und dem Proviant organisiert war, fragt der Ingenieur. Gute Frage, sage ich und schlage bei Graetz nach:

> Unter den Hintersitzen war ein grosser Benzinbehälter für 250 Liter Benzin angebracht, auf dem ein das gesamte Reisegepäck fassender Blechkoffer ruhte. Der vordere Benzinkessel fasste 125 Liter. In dem Hohlraum der 4 Reservereifen am hinteren Wagen war eine Trommel zur Aufnahme von Proviant eingelassen. Bei der Verpflegung würde frisches Fleisch von Wildbret und Schlachtvieh die Hauptrolle spielen.

KAPITEL 5

Jetzt will mein wissbegieriger Mitreisender erfahren, wo die Expeditionsteilnehmer damals auf ihrer Reise übernachtet haben. Ich kenne die Antwort, versuche aber, die passende Passage im Buch zu finden. Als ich sie endlich erblättert habe, halte ich kurz inne, fühle mich unwohl. Dann zitiere ich den entsprechenden Absatz trotzdem beziehungsweise ich versuche, ihn möglichst korrekt ins Englische zu übersetzen: »Somit werden Herr v. Roeder und ich im Auto übernachten, während der Chauffeur in einem, unmittelbar neben dem Auto aufgeschlagenen, durch Decken geschützten Feldbett schläft. Der schwarze Koch erhält sein Lager unter dem Auto.«

Ich kann ein kurzes Zucken im Gesicht meines Sitznachbarn erkennen, als ich den letzten Satz vorlese. »Ja, so war das wohl damals«, sagt er schließlich nach einer längeren Pause. »Ja, leider«, sage ich, weil mir nichts Besseres einfällt. Mir ist natürlich klar, dass es in der Zeit der Kolonialherrschaft weitaus schlimmere Ungerechtigkeiten gab, als einen Angestellten unter dem Auto schlafen zu lassen, während man selbst drinnen saß. Vielleicht schockiert mich aber gerade die beiläufige Selbstverständlichkeit, die in Graetz' Worten steckt, jene Herablassung der Herrenmenschen. Für solche hielten er und viele Zeitgenossen sich damals offensichtlich.

Mein Sitznachbar scheint sich über all das weniger Gedanken zu machen, ist längst schon wieder bei den technischen Fragen. Weil es im ersten Jahrzehnt des zwanzigsten Jahrhunderts natürlich keine Tankstellen entlang der Strecke quer durch Afrika gab, musste Graetz organisieren, dass zwischen Daressalam und Swakopmund genügend Container mit Treibstoff deponiert waren. »6000 Liter Benzin, über 200 Liter Öl, 25 Gummireifen und 33 Schläuche«, notierte der Expeditionsleiter. Vieles davon war an geheimen beziehungsweise nur Graetz und seinen Leuten bekannten Orten verbuddelt.

»Mich erinnert das ganze Problem an die Sache mit den E-Autos«, lacht der Ingenieur neben mir. »Das wird hier in Afrika noch lange dauern, bis wir von Diesel und Benzin loskommen, oder

MOROGORO

hast du hier schon irgendwo eine elektrische Ladestation gesehen?« Hatte ich nicht. »Vielleicht sollten wir wie dieser Deutsche irgendwo in der Wüste ein paar Batterien verbuddeln«, wiehert mein Sitznachbar. Er kann sich vor Lachen jetzt kaum noch auf seinem Gangsitz halten. Ich lache mit und schaue aus dem Fenster. Während Graetz auf der Fahrt nach Morogoro nach eigener Darstellung mit Leoparden, Krokodilen, Nilpferden, einem dem Auto den Weg versperrenden Termitenhügel, einem Waldbrand und einer schwierigen Flussüberquerung zu kämpfen hatte, kommen wir auf der geteerten Straße inzwischen gut voran.

Die Landschaft hat sich verändert. Die staubigen Siedlungen sind grünen Wäldern gewichen, aus denen braune Felsen emporragen. Die Farben des Uluguru-Gebirges sind angenehm für die Augen, vor allem jetzt im milden Licht des späten Nachmittags. Über den Baumwipfeln kreisen Vögel. Im Internet lese ich, dass hier in der Gegend unter anderem der Orangebauch-Nektarvogel sowie der noch wenig erforschte Schwarzkappenwürger beheimatet sind. Nimm das, Graetz! Leoparden sind doch langweilig, wir müssen es hier mit den Schwarzkappenwürgern aufnehmen.

Morogoro, das wir nach über sieben Stunden Fahrt – inklusive der Pannen – erreichen, ist ein geschäftiger Ort mit ein paar Hunderttausend Einwohnern und einer bewegten Geschichte. Nach der Unabhängigkeit Tansanias machte sich die Stadt international einen Namen, weil sie Südafrikas ANC eine politische Heimat im Exil gab. Von hier aus organisierten die Mitstreiter des inhaftierten Nelson Mandela den Widerstand gegen das Apartheidregime am Kap. »Von Morogoro aus wurde ein wichtiges Kapitel afrikanischer Geschichte geschrieben«, erzählen mir stolze Studentinnen und Studenten der Sokoine-Universität, deren Campus unter anderem Namen einst als Bildungsstätte für in ihrem Heimatland verfolgte Exilsüdafrikaner fungierte.

KAPITEL 5

Ansonsten war es vor allem ein furchtbares Unglück, mit dem Morogoro gerade einmal zweieinhalb Jahre zuvor weltweit Schlagzeilen gemacht hatte. »Genau hier ist es passiert«, sagt eine Frau, als ich in der Nähe des Msamvu-Busbahnhofs nach einer Unterkunft für die Nacht suche. Erst verstehe ich nicht genau, was sie meint, aber dann erinnert sie mich daran.

Es war der 10. August 2019, als hier an der großen Überlandstraße ein Tanklastwagen einen Unfall hatte, sodass jede Menge Benzin auslief. Viele Menschen eilten mit Kanistern herbei, auch als Teile des Trucks bereits in Flammen standen, weil sie hofften, mit dem aufgefangenen Sprit schnell ein bisschen Geld zu machen. Es folgte eine verheerende Explosion, bei der mehr als einhundert Menschen ums Leben kamen. »Überall lagen verbrannte Körper«, erzählt mir die Frau. Ihre Augen sind weit aufgerissen, als sie über ihre Erinnerungen spricht. Das Unglück sei auch eine Lektion Gottes gewesen. »Es war ein Zeichen, dass wir alle weniger gierig sein sollen.«

Ich bin mir da nicht so sicher. Ist es wirklich Gier, wenn man sich mit einem kleinen Kanister einem brennenden Lkw nähert? Wie groß muss die Verzweiflung, wie groß die Unzufriedenheit mit dem eigenen Leben sein, um solch ein Risiko einzugehen? Tansania ist ein bitterarmes Land. Zwei Drittel der Menschen leben von weniger als 1,25 US-Dollar pro Tag. Dafür kriegt man an der Tankstelle in Morogoro heute gerade mal einen Liter Benzin. Mein Hotel für die Nacht kostet 30 Dollar.

Die brennenden Benzinkanister der armen Teufel, die verbuddelten Treibstoffvorräte von Graetz – in meinem Kopf vermischt sich alles. Nach einem schnellen Essen in einer Garküche um die Ecke will ich an diesem Abend nur noch für mich sein. Allein mit meinen Gedanken und meinem mich begleitenden Buch, das mit jedem Reisetag zerfledderter daherkommt.

Wie sah es im Sommer 1907 in Morogoro aus? Als Graetz mit seinem Auto die Gegend erreichte, war er hellauf begeistert und lobte die »hohe Ertragfähigkeit dieses paradiesisch schönen Landes«. Außerdem stehe die Eröffnung der Bahnstrecke von Daressalam nach Morogoro durch einen Staatssekretär namens Dernburg kurz bevor, wie er stolz notierte. »Kultur und Zivilisation« seien auf dem Vormarsch. Jetzt gelte es, die Schätze des Paradieses zu heben.

> Aus allen Gauen des deutschen Vaterlandes strecken sich jetzt die Hände aus nach dem Besitze dieses nunmehr durch die Bahn erschlossenen Bodens, so dass die Behörden kaum die einlaufenden Anträge auf Landkonzessionen zu bewältigen vermögen. Schneeweisse Baumwolle, schon längst an Güte der ägyptischen gleichbewertet, der anerkannt beste reichfliessende Gummi allererster Qualitäten wie die hier prächtig wachsende Cobra versprechen sich bald einen Ruf auf dem Weltmarkt zu verschaffen, und von Jahr zu Jahr die heimische Industrie unabhängiger zu machen von den Kolonialprodukten fremder Völker.

Es ist der eindrucksvolle Blick eines Zeitzeugen auf die koloniale Welt von damals. Graetz malt das Bild eines kollektiven Goldrausches, aber auch das eines Wettkampfes. Welche Kolonialmacht bekommt wie viel aus ihren Gebieten herausgepresst? Wer in Europa bekommt wie viel vom Kuchen ab? Wie lassen sich die Einflusssphären der eigenen Nation nutzen, um sich auch persönlich die Taschen zu füllen? Ich muss an die Dame vom Busbahnhof denken. Wenn man über Gier in Morogoro spricht, sollte man in der Geschichte wohl deutlich weiter zurückblicken als nur bis zum blutigen Unfall des Tanklasters 2019.

Mache ich es mir zu einfach? Tue ich Graetz unrecht? Ging es Menschen wie ihm damals nicht tatsächlich auch um die so oft genannten Werte »Kultur und Zivilisation«? Zumindest er wird das sicherlich so empfunden haben. Und ja, seine Begeisterung für

KAPITEL 5

den technischen Fortschritt, für den schließlich auch sein eigenes Autoabenteuer steht, dürfte ebenfalls echt gewesen sein.

So spät am Abend werde ich jedenfalls keine Antworten mehr auf diese Fragen finden und ich brauche dringend Schlaf. Schon morgen wird mein persönliches Reiseabenteuer weitergehen. Ein letztes Mal für heute schlage ich das alte Buch auf und finde einen Satz, den ich auch am nächsten Morgen noch vorbehaltlos unterschreiben kann: »Die enormen Anstrengungen des Tages liessen uns nicht lange über die Situation nachdenken, schnell hatte uns ein fester Schlaf gepackt und hielt uns gefangen während der ganzen Nacht, die ohne Störung verlief.«

DODOMA

Wenn mein Bus nach Morogoro ein Sicherheitsrisiko war, ist der Bus nach Dodoma ein echter Seelenverkäufer. Kaum haben wir die Station verlassen, kriechen wir mit lautem Motorengeheul durch die sengende Sonne, bleiben immer wieder am Fahrbahnrand stehen.

Ich sitze zusammengekauert auf einem Fenstersitz mit Nordblick. In einem Bus, der auf der Südhalbkugel in Richtung Westen fährt, ist das ein ziemlich schlechter Platz. Schweiß rinnt mir über die Stirn, meine Klamotten kleben am Körper. Doch damit nicht genug: Irgendjemand, der vor mir auf diesem Platz saß, hat einen Abfallbeutel in die Spalte zwischen Sitz und Außenwand gequetscht, weshalb da jetzt jede Menge Ameisen und Kakerlaken herumflitzen. Ein besonders großes Tier krabbelt mir gerade in mein Hosenbein. Ich stoße einen hysterischen Laut aus und muss über mich selbst lachen. Geht's noch melodramatischer? Was sollen meine Mitreisenden über mich denken? Ich blicke mich um. Wie schafft es der Herr im Anzug schräg hinter mir nur, so würdevoll mit dem schlechten Reisekomfort umzugehen? Er sieht aus wie aus dem Ei gepellt, ich wie das letzte Elend. Dabei habe auch ich heute extra meine schicksten Sachen angezogen. Schließlich geht es in die Hauptstadt.

Vor der Ankunft in Dodoma aber steht eine verhängnisvolle Etappe. Ich wähle das Wort »verhängnisvoll« nicht ohne Grund, denn auch Paul Graetz benutzt es in seiner Erzählung. Sein »verhängnisvoller 16. August« fand seinen Tiefpunkt bereits kurz hinter Morogoro. »Wir sind fertig, die Zylinder sind geplatzt«, rief der

KAPITEL 6

Chauffeur in Panik. Vergeblich hatte er zuvor versucht, ein Flussbett zu durchqueren. Herr von Roeder, der gerade ein Bad nehmen wollte, eilte splitterfasernackt herbei.

[S]o standen wir drei fassungslos ob des geschehenen Unglücks um den Motor mitten im Fluss, während langsam das lehmfarbige Wasser aus den Öffnungen des Zylinders rieselte. (…) Der Chauffeur hatte allen Halt verloren, er war wie geistesgestört, wie geistesabwesend. Erst mein lautes Anrufen der in dichten Haufen am Ufer stehenden Träger der inzwischen herangekommenen, eben erst überholten Karawane schreckte ihn aus seiner Lethargie auf (…).

Das Auto war zu schwer gewesen. Dabei hatte Graetz ein paar Tage zuvor noch veranlasst, dass man sich von so viel Ballast wie möglich trennte. Holzkisten waren daraufhin vom Wagen abmontiert worden, Proviant wurde nur noch für drei Tage mitgeführt, die Ausrüstung auf einen Khakianzug, einmal Unterwäsche, zwei Decken, einen Schlafsack und dreißig Patronen pro Mann reduziert. Es hatte offenbar alles nichts geholfen. In der Not öffneten sie eine Flasche Kognak. »Wer Sorgen hat, hat auch Likör«, schreibt Graetz lakonisch.

Für die Expedition war der Unfall ein gewaltiger Rückschlag. Die Beschaffung neuer Zylinder in der Heimat und ihr Transport nach Afrika sollten drei Monate in Anspruch nehmen. Der bemitleidenswerte Chauffeur, den man damit beauftragte, erkrankte an Bord des Schiffs nach Europa schwer an Schwarzwasserfieber und kehrte nicht nach Afrika zurück. Erst Ende November erreichte ein Ersatzfahrer mitsamt Ersatzteilen Graetz und sein Auto in Kilossa, etwa fünfzig Kilometer westlich von Morogoro. Es konnte weitergehen, mit neuem Mut und viel Patriotismus.

DODOMA

Die Erde trug die deutschen Farben, schwarz-weiss-rot. Schwarz war die eingetrocknete Sumpferde, voller Risse und Unebenheiten, weiss der Kalk und Sand, in dem sich das Auto im ersten Gang nur mühsam fortarbeiten konnte, rot dagegen der feste Udongoboden, hart und glatt wie Asphalt.

Einhundertfünfzehn Jahre später lege ich das Buch aus der Hand, um für ein paar Minuten aus dem Fenster zu schauen, damit ich nicht kotzen muss. Eigentlich wird mir im Straßenverkehr nie schlecht, aber diese Busfahrt scheint eine Ausnahme zu sein. Der Gestank aus der Müllritze wird immer schlimmer, vor allem aber ist es die Fahrweise des Buskapitäns, die mir den Magen umdreht. Wir konnten erst mit gehöriger Verspätung losfahren. Stunden brachte unser Fahrer, ein Riese mit, je nach Kopfhaltung, drei bis vier Nackenfalten, damit zu, das Innenleben des Busses zu reparieren. Durch eine Luke im Mittelgang schraubte er mit öligen Händen an Behelfskonstruktionen herum, sprang immer wieder schnaubend auf, stieg aus, um den Kühlergrill herauszunehmen und sich dem Motor von vorne zu nähern. Jetzt versucht er, jede verlorene Minute wieder reinzufahren, überholt auch vor Kurven und Kuppen. »Eines Tages werden wir alle in so einem Bus sterben«, sagt der Mann im Anzug hinter mir. »Ich hoffe nur, dass es nicht schon heute ist«, sage ich.

Dann passiert es. Beim nächsten völlig verrückten Manöver kommt unser Bus ins Wanken, die Reifen auf der rechten Seite hängen in der Luft. Wir alle geben einen langen, nicht enden wollenden Schrei von uns. Es ist einer dieser Momente, in denen sich Bruchteile von Sekunden wie Minuten anfühlen. Wären wir in einem Film, würde man unsere aufgerissenen Augen und Münder jetzt in Zeitlupe sehen. Tansania hat mehr als sieben Mal so viele Verkehrstote wie Deutschland, obwohl das Land zwanzig Millionen Einwohner weniger hat und viel, viel weniger zugelassene

KAPITEL 6

Fahrzeuge. Wie viel wahrscheinlicher als daheim ist es also, dass ich genau jetzt und hier sterbe? Das ist eine interessante Frage, die mir in diesem Augenblick durch den Kopf hätte schießen können. Ist sie allerdings nicht. Ich habe einfach nur Angst um mein Leben.

Eine Passagierin, die eben noch ihr Baby gestillt hatte, hebt es aus dem Sitz. Ihre linke Brust rutscht aus dem Kleid. Immerhin kann sie ihr Kind festhalten. Die rechten Reifen des Busses sind inzwischen wieder zurück auf der Straße, die Schwerkraft hat einen Überschlag im letzten Moment verhindert. Dafür schlingern wir jetzt in Richtung Böschung, kommen aber gerade noch rechtzeitig davor zum Stehen. Für einen Moment ist es still an Bord, dann fangen die einen an zu weinen und die anderen zu schimpfen. Dass der Busfahrer entschuldigend die Hände hebt, geht im Chaos unter. Halb entblößt steht nun die Frau mit dem Baby vor ihm und macht ihrem Ärger Luft. Erst als ein Mitreisender freundlich in Richtung ihres Busens nickt, blickt sie peinlich berührt an sich herunter und rückt das Kleid zurecht. Das aber hält sie nicht davon ab, weiter auf den Fahrer einzubrüllen.

Mir reicht's. Als höflicher Gast aus der Ferne hatte ich mich mit dem Schimpfen zwar zurückgehalten, trotzdem ist mir klar, dass ich so schnell wie möglich aus diesem Bus rausmuss. Obwohl ich eine Fahrkarte bis zur Endstation gebucht habe, steige ich an der nächsten Haltestelle, etwa dreißig Kilometer vor Dodoma, aus. Der schwergewichtige Hasardeur am Steuer, inzwischen wieder Herr der Lage, rollt mit den Augen. »Passen Sie auf sich auf«, sagt der Anzugträger aus der Sitzreihe hinter mir. Die Frau mit dem Baby grüßt lächelnd, als ich aussteige. Ich stehe auf der Straße. Erleichtert, traumatisiert.

Nach ein- bis zweistündiger Umstiegszeit reite ich schließlich auf dem Rücksitz einer schwarzen Royal Enfield in die tansanische Hauptstadt ein. Motorradtaxis sind ein übliches Verkehrsmittel in Ostafrika, wenn auch vielleicht nicht auf längeren Strecken wie

DODOMA

dieser. Etwa anderthalb Stunden sind wir zu zweit auf zwei Rädern unterwegs. Mein sparsam gepackter Zehn-Kilo-Rucksack passt bequem zwischen mich und den Fahrer. Drei Hemden, zwei Hosen, Unterwäsche, ein Kulturbeutel, eine Landkarte, etwas Technik mit Ladegeräten, dazu die Graetz-Lektüre und eine Plastiktüte mit ein paar anderen Büchern. Mehr habe ich auf meiner Afrikadurchquerung nicht dabei. Die Sonne geht unter, als wir uns durch Dodomas Feierabendverkehr schlängeln. Der Muezzin der Muammar-al-Gaddafi-Moschee ruft zum Gebet. Ich versuche die Stadt mit all meinen Sinnen aufzunehmen, atme die Luft durch die Nase ein. Sie schmeckt nach Benzin, Abgasen und ist doch erstaunlich klar. Nachdem mich Daressalam vor einigen Tagen mit seiner Soundkulisse, seinen Bildern und Gerüchen regelrecht erschlagen hat, stelle ich mit leichter Enttäuschung fest, dass Dodoma im Vergleich dazu doch eher eine verschlafene Provinz ist. Ich bin in Bielefeld geboren und weiß, wovon ich spreche.

Ich steige im ältesten Hotel der Stadt ab, das lustigerweise den Namen »The New Dodoma Hotel« trägt. 1907, also genau in dem Jahr, als Graetz in dieser Gegend mit seinem Auto unterwegs war, gründeten die Deutschen die Siedlung hier und das Hotel stammt tatsächlich aus jener Zeit. Eines Tages, so damals der Plan, sollte der deutsche Kaiser hier übernachten, um die Vollendung der sich noch im Bau befindlichen Bahnstrecke vom Atlantik zum Tanganjikasee feierlich in Augenschein zu nehmen. Mit großen Reden, Blasmusik und allem kolonialen Pomp. Es sollte nie dazu kommen.

»Ich hoffe, Ihnen gefällt es trotzdem hier bei uns.« Der jungen Rezeptionistin ist es etwas unangenehm, dass sie mir nicht mehr über die Geschichte des Hauses sagen kann, als ich im Internet ohnehin schon gelesen habe. Ich muss ihr dreimal versichern, dass das gar nicht schlimm sei, und ziehe mich schließlich in den von Palmen gesäumten Innenhof zurück, um im Beisein eines russischen Geschäftsreisenden eine Tasse Kaffee zu trinken. Glatze, muskulös,

KAPITEL 6

enger Anzug – der Russe sieht aus wie eine Mischung aus dem Sänger Pitbull und Gianluca Vialli, der italienischen Fußballerlegende. Als ich ihn nach seiner Meinung zu Moskaus Angriffskrieg in der Ukraine frage, steht er wortlos auf und geht.

Auch sonst ist es seltsam still hier. Das »New Dodoma« bezeichnet sich selbst als ein Fünf-Sterne-Hotel. Dass in der Bar und den Zimmern alles etwas verwohnt ist, tue der Atmosphäre des Hauses keinen Abbruch, loben europäische Rezensenten im Internet. Sie bewundern den »kolonialen Charme« des Hotels. Was in ihren Augen genau das Charmante jener Zeit gewesen sein soll, schreiben sie nicht.

Ich versuche mir vorzustellen, wie der Innenhof damals, zu Graetz' Zeiten, aussah. Ich schließe die Augen und sehe Männer mit Tropenhelmen, die sich über Landkarten beugen. Sie sprechen über die Gleise, die direkt vor dem Eingang des Hotels von lokalen Arbeitern in Richtung Westen verlegt werden. Diskutieren sie darüber, dass es sich bei den Menschen, die für sie schuften, um Zwangsarbeiter handelt? Wohl kaum. Wahrscheinlicher ist, dass sie sich gegenseitig auf die Schulter klopfen und froh darüber sind, dass der sogenannte Maji-Maji-Aufstand erfolgreich niedergeschlagen werden konnte.

»Maji« ist Swahili für »Wasser« und ein Begriff, der damals im Widerstand gegen die kolonialen Besatzer eine große Rolle spielte. Wer seinen Körper mit einer auf bestimmte Weise angerührten Flüssigkeit schütze, dem könnten die Gewehrkugeln der weißen Invasoren nichts anhaben, waren die Kämpfer überzeugt. Natürlich war es ein Aberglaube, ein Irrglaube. Zehntausenden Aufständischen kostete er zwischen 1905 und 1907 das Leben. Am Ende siegten die deutschen Soldaten unter Befehlshaber Gustav Adolf von Götzen. Ein Name, über den ich auf meiner Reise schon bald erneut stolpern sollte.

Ich gehe rüber zum Bahnhof, der auch heute noch direkt gegenüber vom Hotel liegt. Ein Gleis, ein paar Imbissbuden und eine

DODOMA

Handvoll betrunkener Männer. Einen Hauptstadtbahnhof stellt man sich vielleicht anders vor, aber es ist ja eben auch nur Dodoma. Drei- bis viermal in der Woche soll hier ein Zug von Daressalam nach Kigoma durchkommen, höre ich. Nach meinem jüngsten Nahtoderlebnis im Bus freue ich mich, die nächsten Tage auf Schienen unterwegs zu sein.

»Sie sind also aus Deutschland«, sagt ein Bahnbeamter, nachdem er meinen Pass inspiziert hat. »Dann kennen Sie ja bestimmt meinen Verwandten, den ihr damals getötet habt.« Er macht eine Kopf-ab-Bewegung, ich muss schlucken. Spätestens seit meiner Begegnung mit Isaria in Moshi weiß ich zwar um die grausame Tradition meiner Vorfahren, koloniale Schädeltrophäen in die Heimat zu schicken, aber die unerwartet direkte Ansprache des Bahners erwischt mich trotzdem kalt. Er schmunzelt, scheint meine Verunsicherung zu genießen. »Ich bin vom Volk der Wahehe, Nachfahre von Chief Mkwawa, von dem Sie ja bestimmt schon gehört haben.« Ich nicke. »Sehr erfreut.«

Tatsächlich habe ich vor nicht allzu langer Zeit einige Texte über Mkwawa gelesen. Das Volk der Wahehe hatte sich den Deutschen nicht im Maji-Maji-Aufstand, sondern bereits im neunzehnten Jahrhundert widersetzt. Nach einem Überfall auf eine Karawane in der Nähe der deutschen Militärstation Mpapua 1890 lieferten sich kaiserliche Soldaten und Mkwawas Krieger in den folgenden Jahren blutige Kämpfe. In einem Hinterhalt in Lugalo starben 1891 mehrere deutsche Soldaten, darunter auch Kommandeur Emil von Zelewski, ein Hardliner, der auch schon in der berüchtigten Wissmann-Truppe gedient hatte. Die Deutschen reagierten mit Härte und verbrannter Erde, mit dem Ergebnis, dass sich nach und nach immer mehr Wahehe ergaben. Mkwawa kämpfte lange weiter, bevor er, in die Enge getrieben, 1898 offenbar Selbstmord beging. Ein deutscher Feldwebel fand die Leiche und ließ den Kopf abtrennen, um seinem Offizier zu beweisen, dass der gefürchtete »Reichsfeind« endlich tot war.

KAPITEL 6

Und dann? Wurde der Kopf anschließend nach Deutschland geschickt? Und wenn ja, wohin genau? Wie schon beim verlorenen Schädel des Mangi Meli bleibt auch in dieser Geschichte vieles unklar. Tatsache ist, dass Deutschland nach dem Ersten Weltkrieg in einem Paragrafen des Versailler Vertrages verpflichtet wurde, Mkwawas Kopf an die britische Regierung zu übergeben, die ihn wiederum den Wahehe zurückbringen wollte. Ja, sogar solche Details standen in dem Vertrag.

Erst in den 1950er-Jahren aber war es so weit. Edward Twining, britischer Gouverneur von Tanganjika, präsentierte in Afrika Schädelknochen, die er selbst zuvor im Übersee-Museum der Stadt Bremen abgeholt hatte. Ist der Schädel, der heute in einem Mausoleum in der tansanischen Kleinstadt Kalenga gezeigt wird, jedoch wirklich der von Mkwawa? Ein Gentest könnte die Antwort bringen, wird von den Nachfahren des großen Kriegers aber bis heute abgelehnt, lese ich. Verrückte Geschichten, verworrene Geschichte. Was ist wirklich geschehen und was ist die falsche Spur? Manchmal beneide ich Historiker um ihren Job, manchmal bemitleide ich sie.

Der Nachfahre Mkwawas, der hier offenbar als eine Mischung aus Stationsvorsteher und Ticketverkäufer arbeitet, bittet mich schließlich, in ein paar Stunden noch einmal vorbeizukommen. Bis dahin werde er in Erfahrung gebracht haben, welche Waggons der nächste Zug führe und ob er mir eine Liegewagenreservierung verkaufen könne. Nach einem Haarschnitt, einem gegrillten Hähnchen und einem schweißtreibenden Kurzspaziergang durch die geschäftigen Straßen des kleinen Stadtzentrums stehe ich wieder vor der zerkratzten Fensterluke, die hier als Bahnschalter dient. Im Internet habe ich versucht zu recherchieren, wie lange die Fahrt nach Kigoma dauern würde. Dass die im Fahrplan angegebene Reisezeit von knapp vierundzwanzig Stunden völlig unrealistisch sei, sagen und schreiben nahezu alle, die diese Tour schon einmal gemacht haben. Aber wie lange dann? Von anderthalb bis fünf Tagen ist alles dabei, je nach Reparaturpech. Tagelang in einem Zug unterwegs sein? Das ist je nach Komfortlevel entweder eine Traumreise oder ein absoluter Albtraum.

Ich denke zurück an meine Afrikatour von 2010. Damals war ich im sogenannten Tazara-Express von Daressalam ins sambische Kapiri Mposhi gereist. Mehr als fünfzig Stunden hatte das gedauert, was noch vergleichsweise schnell sei, wie mir meine Mitreisenden damals versicherten, denn immerhin sei man dieses Mal nicht mit einem Elefanten zusammengestoßen. Sie nannten den Zug »den Sarg«. Nicht etwa, weil er so viele Tiere auf dem Gewissen habe, sondern weil die Menschen in ihm so viel Lebenszeit verbringen würden. Ich war also gewarnt.

»Was bitte wollen Sie? Für sich selbst mehrere Betten buchen?« Die Stimme des Stationsvorstehers überschlägt sich fast vor Empörung. Vielleicht war es doch keine gute Idee, zu fragen, was es denn koste, nicht nur eine Liege, sondern gleich mehrere im Sechserabteil zu reservieren. Meine Sorge, tagelang mit zu vielen Menschen auf zu wenig Raum eingepfercht zu sein, erweicht ihn nicht. Im Gegenteil. »Wenn Sie das machen, verhalten Sie sich unsozial gegenüber Ihren Mitreisenden, die Ihretwegen dann einen Sitzplatz buchen müssen«, belehrt er mich mit erhobenem Zeigefinger. »Ist ja schon gut«, erwidere ich kleinlaut und buche nur eine Liege für mich selbst. »So ist es richtig«, sagt mein Gegenüber und weist mich an, am nächsten Tag pünktlich um sieben Uhr abends am Bahnsteig zu sein. Mein Einwand, dass der Zug laut Fahrplan doch eigentlich schon morgens abfahre, wird milde belächelt. »7:00 EVENING« notiert er mit Kugelschreiber auf meine Karte und unterstreicht die Angabe dreimal.

Kapitel 7
TABORA

Draußen ist es schon hell, als ich aus dem zweiten Stockbett mit voller Wucht auf dem Abteilboden aufschlage. Meine Mitfahrer und ich haben ein paar Stunden zuvor noch Witze gemacht, als ich kurz vor dem Einschlafen nicht in der Lage war, das kleine Gitter vor meiner Liegefläche in die dafür vorgesehene Verankerung zu wuchten. »Wenn du das nicht festbekommst, landest du heute Nacht unten.«

Nun war es also geschehen. »Geht's dir gut?«, fragt mich Salum sichtlich besorgt. Er liegt ebenfalls im zweiten Stock, gegenüber von der Mittelpritsche, auf der ich eben noch mehr oder weniger gemütlich vor mich hin geschnarcht habe. »Alles okay«, sage ich. Mein Steißbein schmerzt, zum Glück aber liegt auf dem Abteilboden ein Koffer, der meinen Sturz abgefedert hat. Auch Joseph streckt jetzt von ganz oben seinen Kopf hervor, um nachzuschauen, was das bloß für ein Knall war. Als er sieht, dass ich wie ein Käfer auf dem Rücken in der Mitte des Liegewagens gelandet bin, kann er sich ein Grinsen nicht verkneifen. »Ich hab's dir gesagt.«

Ich rapple mich wieder auf, kämpfe mich auf meine Pritsche zurück und rolle den Schlafsack als Kissen unterm Kopf zusammen. Während ich so daliege und den Schreck verdaue, lasse ich in Gedanken die letzten Stunden Revue passieren. Um kurz vor Mitternacht, fast fünf Stunden nach der angekündigten Abfahrtszeit, traf der von mir gebuchte Zug endlich in Dodoma ein. Weil ich keine Lust hatte, direkt am Gleis zu warten, ging ich in die Bahnhofskneipe, um eine Portion Chipsyai zu essen und ein Bier zu trinken.

TABORA

Da sich die Ankunft des Zuges immer weiter verzögerte, wurden aus dem einen Drink am Ende mehrere. Ziemlich besoffen saß ich am Tresen zwischen den anderen Bahnhofsschluckspechten, die ich tags zuvor noch belächelt hatte.

»Austrinken, der Zug ist jetzt da«, rief schließlich der Bahnhofsvorsteher und brummelte irgendwas von »mangelnder Disziplin der Deutschen«. Ein letztes Mal bedankte ich mich bei ihm, dem stolzen Nachfahren von Chief Mkwawa vom Volk der Wahehe, sprang auf einen der schon rollenden Wagen auf und suchte das Abteil C4. Glück gehabt, nur zwei von sechs Betten besetzt. Ich wählte meines im zweiten Stock. Aus der dritten Etage wäre der Aufprall noch schmerzhafter gewesen.

Zeit, meine beiden Mitreisenden genauer unter die Lupe zu nehmen. Salum ist ein gepflegter Mann. Er trägt ein kariertes Hemd, eine feine Hose und ist fast genauso alt wie ich. Er handele mit Textilien, verrät er. In der Hauptstadt habe er sich mit Geschäftspartnern getroffen, jetzt aber gehe es endlich zurück zu seiner Frau und seinen drei Kindern in Kigoma. »Familie ist das Wichtigste«, sagt er mit ruhiger Stimme. Weil sein Englisch nicht so gut ist, überlässt er das Gespräch lieber Joseph und mir. Wenn Salum aber etwas sagt, hat es Gewicht. Das merke ich schnell.

Joseph, Hawaiihemd, enge Jeans und spitze Lederschuhe, ist halb so alt wie wir und steckt voller Energie. Er studiert Wirtschaft in Dodoma, stammt aber auch aus der Nähe von Kigoma. Er schielt ein wenig und redet wie ein Wasserfall. Dabei hat er offenbar die Angewohnheit, mit seinem Gesicht dem seiner Gesprächspartner sehr nahe zu rücken. »Was soll aus mir mal werden? Werde ich eine Frau finden? Wie kann ich so reich werden, dass ich mir ums Geld keine Gedanken mehr machen muss?« Er löchert mich mit Fragen, auf die ich beim besten Willen keine Antworten habe.

Dadamm, dadamm, dadamm, das ist der Rhythmus unserer Fahrt. Dazu immer wieder nervenaufreibende Wackler, wenn die

KAPITEL 7

Waggons für einen Augenblick aus dem Schienenbett zu springen scheinen. »Mittellandbahn« hatten die Deutschen die Ost-West-Strecke einst getauft, »Central Line« sagten die Engländer und so nennen sie auch die Tansanier heute noch. Ein Zugerlebnis wie aus einer anderen Zeit. Alles klappert, kracht und ächzt. Hypnotisch, aber nicht beruhigend. Ein seltsam verletzlicher Dämmerzustand. Ich versuche mich ihm hinzugeben. Gar nicht so einfach.

Noch immer etwas verkatert blicke ich aus dem Fenster. Erstmals seit meinem Aufbruch am Indik spüre ich die Weite Afrikas. Sollte ich vielleicht besser Tiefe sagen? Oder Leere? Nein, menschenleer ist es auch hier nicht, aber doch deutlich weniger geschäftig als vor den Busfenstern der letzten Tage.

Joseph versteht mich nicht. »Jetzt sag schon, warum du wirklich hier bist«, fordert er mich auf. Dass da jemand einfach »des Reisens wegen« Tausende Kilometer entfernt von zu Hause in einem alles andere als bequemen Zug sitzt, irritiert ihn. Verwandte besuchen, Geld verdienen, auf der Flucht sein, das alles hätte er verstanden, sagt er. Aber dass ich »nur so« durch die Gegend fahre, selbst wenn es auf den Spuren eines alten Buches sei, das erscheine ihm dann doch »viel zu seltsam«. Ich fühle mich ertappt. Es ist nämlich keineswegs so, dass ich mir nicht auch schon selbst vorher Gedanken über die Sinnhaftigkeit dieser und ähnlicher Reisen gemacht hätte. Bin ich für Joseph wirklich nur der reiche Kerl aus Europa, der keine Sorgen oder echte Probleme hat? Einer, für den eine Reise mit wackligen afrikanischen Zügen nur deshalb etwas Besonderes ist, weil er in einer viel wohlhabenderen Welt aufgewachsen ist?

»Für mich ist das Wichtigste an langen Reisen wie dieser, dass ich auf ihnen Menschen kennenlernen kann«, sage ich. Der Satz klingt hölzern, aber er kommt von Herzen. In meiner Arbeit als Journalist ist oft nicht genug Zeit, sich wirklich auf Begegnungen einzulassen. Alles muss schnell gehen, die Interviews müssen zur

TABORA

Story passen, die man gerade recherchiert. Nicht zuletzt nennen Reporter die Menschen, die sie für ihre Berichterstattung einspannen, gerne »Protagonisten«. Ich habe den Begriff immer gehasst. »Es ist doch großartig, dass wir drei jetzt zusammen unterwegs sind«, springt mir Salum bei und Joseph nickt. »Das Schicksal hat uns zusammengewürfelt«, sage ich und beiße mir sofort auf die Zunge. Was ist los mit mir? Ich bin doch sonst nicht so pathetisch. Die beiden scheint es nicht zu stören. »Das mit dem Schicksal finde ich sehr interessant«, sagt Joseph. »Und jetzt haben wir außerdem endlich die Chance, einen Menschen kennenzulernen, der von einem ganz anderen Kontinent kommt.«

Sagt's und springt von seiner Liege. Immer wenn die Schaffnerin im Anmarsch ist, verschwindet unser Jüngster kurz aus dem Abteil und geht auf die Zugtoilette, einen kleinen Verschlag mit Loch im Boden. Eine Fahrkarte hat er nur für einen Sitz im Großraumwagen, die umgerechnet etwa zwanzig Euro für die Liege konnte er sich nicht leisten. Salum und ich lassen ihn natürlich nicht auffliegen. Sobald die Kontrolleurin in Sichtweite ist, warnen wir ihn. Zum Glück lässt sie sich nur alle paar Stunden blicken.

Dadamm, dadamm, dadamm. Wälder, Hänge, Felder. Nur hin und wieder zieht eine Siedlung vorbei. Männer und Frauen, die auf dem Acker arbeiten. Kinder auf dem Fußweg zur Schule. Sie tragen gut gebügelte Uniformen mit Röcken oder kurzen Hosen. Sobald sie den Zug sehen, brechen sie in lautes Geschrei aus und winken. Ich winke zurück und freue mich zu meinem eigenen Erstaunen selbst wie ein kleines Kind, wenn sie mich winken sehen. *Dadamm, daadamm, daaa damm.* Der Takt wird langsamer. Die alte Diesellok quält sich über die Höhenzüge des ostafrikanischen Rift Valley. Vor Hunderttausenden Jahren sollen sich von hier die ersten *Homo sapiens* auf den Weg in den Rest der Welt gemacht haben. »Alle Menschen sind gleich und alle Menschen sind Afrikaner«, sagt Salum bedeutungsvoll.

KAPITEL 7

Afrika als Wiege der Menschheit, die Welt inspirierend? Paul Graetz, der motorisierte Herrenmensch, dürfte das anders gesehen haben. Erstmals seit ein paar Tagen schlage ich sein Buch auf. Fast genau dort, wo wir gerade sind, fuhr auch er einst mit seinem Auto entlang. »Endlich hielten wir am Fuss des grossen ostafrikanischen Grabenrandes und es galt jetzt, die hundertfach an mich gerichtete Frage zu beantworten: ›Wie wollen Sie den Graben bei Kilimatinde mit dem Auto hinaufkommen?‹«

Dank neu eingebauter Übersetzung im Getriebe gelang ihm die Kletterei. Im Schneckentempo erklomm das Auto Höhe um Höhe. Mit Genugtuung schreibt der Expeditionsleiter, dass zwar genug Askari-Soldaten in der Nähe gewesen wären, um das Fahrzeug die mehr als fünfzigprozentigen Steigungen hinaufzuschieben, ihre Hilfe aber nicht notwendig gewesen sei, da es der kochende Motor auch so geschafft habe. Gewaltig soll schließlich die Freude gewesen sein, als die letzte Serpentine erfolgreich bewältigt war und das Auto die »Boma von Kilimatinde« erreichte. Graetz erlebte die Ankunft auf der deutschen Festung mit gemischten Gefühlen. »Gerade freundlicher Art sind die Wahrzeichen nicht, welche den Ankömmling hier begrüssen, rechts flattern ihm vom frischgeteerten Gerüst die Galgenstricke entgegen, und von der Höhe links blinken die weissen Kreuze des Europäerfriedhofs herüber.«

Für den Abenteurer war die Ankunft im Fort auch ein Ausflug in die eigene Vergangenheit. In seiner Zeit als Offizier sei er hier im Jahr 1903 kurz stationiert gewesen, schreibt er. Unter anderem habe man damals gegen das Volk der Wassandaui gekämpft, deren Anführer »in der Gefangenschaft jede Nahrung von sich stiessen und freiwillig in den Hungertod gingen«. Zweifel am Vorgehen der kaiserlichen Schutztruppe? Hatte Graetz nicht. In Tabora, dem nächsten Etappenziel, das er und seine Fahrgemeinschaft nach nur zwei weiteren Reisetagen erreichten, war zu diesem Zeitpunkt der Bau der Eisenbahnlinie noch immer Thema Nummer eins. Mögliche

TABORA

Angriffe lokaler Stämme auf das Prestigeprojekt sollten laut Graetz mit Härte und einem »wachsamen Auge« verhindert werden. Dass es in Deutschland inzwischen neue Gesetze gab, die den eigenen Kolonialtruppen den zügellosen Einsatz von Gewalt erschwerten, quittierte er mit einer höhnischen Fußnote:

> Das neuste deutsche Prügelgesetz (Sommer 07) fordert bei Verhängung einer Prügelstrafe von mehr als 15 (fünfzehn) Hieben die Aufnahme eines Protokolls, 25 Hiebe ist das höchste Strafmass. Der Araber wie der Schwarze belächelt die deutsche Humanität, es will ihm nicht in den Kopf, dass die Nilpferdpeitsche besser ziehen soll, wenn sie erst in Tinte eingetaucht wird.

Ich lege das Buch wieder weg und muss erst mal googeln, was eine Nilpferdpeitsche ist. Wie der Name vermuten lässt, handelt es sich dabei um eine aus Flusspferd- oder Nashornhaut hergestellte Schlagwaffe. Auf dem afrikanischen Kontinent haben sie arabische Sklavenjäger ebenso benutzt wie die südafrikanische Polizei während der Apartheid. Belgische, britische, portugiesische, französische und deutsche Kolonialtruppen sowieso, was in der Heimat damals übrigens längst nicht unumstritten war. Schon 1894 erschien etwa der Sozialdemokrat August Bebel im Berliner Reichstag mit einer Nilpferdpeitsche in der Hand, um gegen das grausame Vorgehen seiner Landsleute in Übersee zu protestieren. Vor allem die Brutalität von Carl Peters, dem Begründer Deutsch-Ostafrikas, der selbst für damalige Verhältnisse als besonders fanatischer Rassist galt, sorgte für Entsetzen. Neben der Peitsche kamen bei ihm vor allem Gewehr und Galgen zum Einsatz. Sein Spitzname: Hänge-Peters.

Auf dem Gang unseres Waggons will ich etwas durchatmen und mir ein wenig die Beine vertreten. Dort unterhalte ich mich mit

KAPITEL 7

einer Frau, die sehr gut Englisch spricht und aus dem Sitzwagen zu uns herübergekommen ist. Was die Menschen in Tansania eigentlich in der Schule über die Kolonialgeschichte ihres Landes lernen, frage ich sie. »Über die Deutschen wissen wir nicht viel«, sagt sie. »Von diesem brutalen Herrn Peters haben wir aber natürlich gehört.« Auf Swahili habe der übrigens auch einen Spitznamen gehabt: *Mkono wa damu*, »blutige Hand«.

Ich verschweige aus Scham, dass es in Deutschland noch immer Straßen gibt, die nach Carl Peters benannt sind. In meiner Heimatstadt Bielefeld kochte lange ein Streit über eine mögliche Umbenennung. Das Rathaus entschied, dass die Bezeichnung bleibt, allerdings nicht mehr der umstrittene »Afrikaforscher« Namenspate sei, sondern ein bis dahin nahezu unbekannter ostwestfälischer Industrieller, der praktischerweise genauso hieß. Das nennt man dann wohl einen faulen Kompromiss.

Wie einst Graetz' Auto erreicht schließlich auch unser Zug – nach rund zwölf Stunden Fahrt – Tabora, den alten Knotenpunkt der Karawanen. Der sagenumwobene Emin Pascha, der eigentlich Eduard Schnitzer hieß, hatte die Stadt und die Gegend drumherum arabischen Machthabern 1890 mit einem fragwürdigen Schutzvertrag abgeluchst. Im heutigen Tansania hat Tabora keine große Bedeutung mehr, einmal davon abgesehen, dass man hier umsteigen oder abbiegen muss, um weiter in den Norden des Landes, in die Großstadt Mwanza etwa, zu reisen.

»Die Bahnstrecke ist vielleicht das Beste, was die Deutschen uns hinterlassen haben«, sagt Salum. So wie er sehen das viele hier. Speisewagenmanager Francis, der seit zweieinhalb Jahrzehnten auf des Kaisers alten Gleisen unterwegs ist, kann die Ingenieursleistung der einstigen Kolonialherren gar nicht genug loben. Allein: Etwas schneller könnte die Reise dann doch sein, damit er zwischen den Touren mehr Zeit zu Hause verbringen könne, sagt er. »Zwei Tage und zwei Nächte« hätten sie dieses Mal von Daressalam nach

TABORA

Tabora gebraucht, »das ist schon hart«. Wobei das dicke Ende ja noch komme.

So mühsam sie auch sein mag, die vor uns liegende Strecke zum Ufer des Tanganjikasees ist der Grund, warum viele Menschen in Tansania heute überhaupt noch die Eisenbahn nehmen. Während die Überlandbusse fast überall sonst im Land die deutlich zügigere Alternative darstellen, müssen sie hier oben im Nordwesten einen gewaltigen Umweg machen. Die Straßen sind zu schlecht, um auf mehr oder weniger direktem Wege von Tabora nach Kigoma zu fahren. Mit dem Zug aber ist das möglich. Manch ein Dorf entlang der Gleise wäre ohne die Bahn gar völlig von der Außenwelt abgeschnitten, erfahre ich.

Dadamm, dadamm, dadamm. Weiter, weiter und weiter. Alle paar Stunden ein Halt irgendwo im Nirgendwo. Auf freier Strecke, weil wieder irgendwas an der Lok kaputt ist, oder fahrplanmäßig in einem der kleinen Dörfer. Fensterscheibe runter, ein Blick auf den Bahnsteig. Frauen mit Kochtöpfen eilen herbei. Fleisch, Eintöpfe, frisches Obst. An jeder Milchkanne eine andere Spezialität. So langsam gewöhne ich mich an den Takt. Satt bin ich schon lange, aber ich esse trotzdem weiter.

»Wenn du reich werden willst, brauchst du einen Businessplan«, sagt Salum zu Joseph. Er sagt es laut und auf Englisch, damit ich es auch verstehe. Ein Hinweis, dass ich mich doch bitte auch wieder am Gespräch beteiligen möge. Unser junger Abteilgenosse fragt und redet so viel, dass es einem allein mit ihm schnell zu viel wird. Salum braucht meine Unterstützung.

Die Idee sei »genauso einfach wie genial«, dampfplaudert Joseph mit Begeisterung. Wenn er mit dem Studium fertig sei, wolle er irgendwo in der Nähe seines Elternhauses eine Privatschule eröffnen. »Gute Bildung wird immer wichtiger und viele Familien sind bereit, viel Geld dafür zu zahlen.« Das Geld für den Kauf des Grundstücks und die Baukosten wolle er wiederum mit dem Verkauf von Honig

KAPITEL 7

finanzieren. Nicht wie die Leute da draußen auf dem Bahnsteig, in kleinen Gläsern und mit geringen Margen, sondern im großen Stil. »Einmal in der Woche will ich nach Nairobi fahren, um dort auf Märkten Honig aus Kigoma zu verkaufen.« Die Kenianer würden deutlich mehr zahlen als die Tansanier. »Warum sollten die Leute in Nairobi ausgerechnet Honig aus Kigoma kaufen?", frage ich. Salum und Joseph schauen mich entgeistert an und antworten beinahe unisono: »Weil es der beste Honig der Welt ist.« Gut, damit wäre der Werbeslogan schon mal geklärt.

Die nächsten Stunden verbringen wir damit, den Taschenrechner meines Telefons mit Zahlen zu füttern. Wie viel kostet ein Transport von wie viel Kilo Honig nach Kenia? Für wie viel mehr Geld kann man das Kilo in Nairobi verkaufen, als man es in Kigoma einkauft? Was kostet ein Schulgrundstück in der Nähe von Kigoma? Baumaterialien? Ein Handwerker pro Woche? Wir lachen viel, nehmen die Sache aber trotzdem ernst. Nach ein paar Stunden haben wir zwar keinen Businessplan, aber ein bisschen Struktur in die Vision von Joseph gebracht.

Ob er die Idee tatsächlich durchziehen wird? »Du wirst von mir hören«, sagt er lächelnd und speichert sich meine Telefonnummer ab. Dann wird es wieder Abend. Kurz bevor die Dunkelheit hereinbricht, überqueren wir den Malagarasi. »Im Norden ist das unser Grenzfluss zu Burundi«, erklärt Salum und blickt mit glänzenden Augen auf das Wasser im Sonnenuntergang, das rechts und links des Flussbetts in Sumpfland übergeht. Ein paar Büffel trinken, große Vögel ziehen ihre Kreise. Ich frage mich, wie Graetz hier einst wohl vorangekommen ist, und will vor dem Schlafengehen noch die ein oder andere Seite lesen.

Die Antwort finde ich schnell: Bevor er und sein Auto kurz vor Silvester 1907 den Malagarasi in zusammengebundenen Einbaumflößen überqueren konnten, herrschte mal wieder großer Frust. Gerissene Bolzen, eine verbogene Antriebswelle und andere Schä-

TABORA

den am Fahrzeug. Nachts hielten Mückenschwärme, Taranteln und Skorpione die Reisegruppe wach. Voller »Stumpfsinn« habe man im Regen am erloschenen Lagerfeuer gesessen, schreibt Graetz.

Eigentlich hätte seine Reise hier gar nicht entlangführen sollen. Graetz hatte geplant, von Tabora aus nach Südwesten zu fahren, um in Bismarckburg, dem heutigen Kasanga, den Tanganjikasee zu erreichen, von wo es dann weiter in den Norden Rhodesiens, also ins heutige Sambia, gehen sollte. Die inzwischen weit fortgeschrittene Regenzeit machte ihm jedoch einen Strich durch die Rechnung. Notgedrungen nahmen er und seine Männer Kurs auf Ujiji, eine Stadt in der Nähe einer Siedlung, die auch damals schon Kigoma hieß. Für Graetz' lokale Helfer müssen es harte Wochen gewesen sein. Kilometerlang trugen sie den Deutschen in einer *Maschilla*, einer Mischung aus Hängematte und Sänfte, durch die Gegend. Für das Auto organisierten Angehörige des Stammes der Wawinsa einen »Abschleppdienst«:

Gegen 10 Uhr vormittags waren bereits etwa 60 Männer und eine ganze Karawane wassertragender Weiber zur Stelle. Schnell wird Rinde von den Miombobäumen geschlissen und ein langes Tau gedreht, an dem Querhölzer zum Ziehen befestigt werden. Wie ein mächtiger schwarzer Wurm wand sich unser Vorspann durch das Gelände, bald durch heisse Wiesensteppe oder sandige steinige Strecken, bald durch glühenden kümmerlichen Dornbusch oder hochragende, in üppiger Vegetation stehende Galerien.

Hat sich Graetz damals Gedanken über den Sinn seiner Reise gemacht? Ging es ihm wirklich um das pflichtschuldige Versprechen des Vorworts, »das Auto als Lasten- und Personentransportmittel auf seine Verwendbarkeit im schwarzen Erdteil zu erproben«? Sah er sich in einer Reihe mit Figuren wie Emin Pascha, Stanley oder

KAPITEL 7

Livingstone, also Menschen, die auf ihren Expeditionen nicht nur etwas zu erleben, sondern auch etwas zu entdecken oder zu erforschen hatten? Oder ging es ihm vor allem um das Abenteuer? Ich bin mir nicht sicher, merke beim Lesen aber, dass Graetz hier auf dieser Etappe ziemliches Heimweh gehabt haben muss. »Zu Hause brannte heute der Weihnachtsbaum und ergoss seinen strahlenden Kerzenschein über all die Liebe, die ihn umdrängte. Wir sassen stumm um das Lagerfeuer, unsere Gedanken weilten in der fernen Heimat an jener Stätte, wo beim Lichterglanz man auch unser gedenken mochte.«

Es ist eine der wenigen Passagen, in denen der Autor Einblick in sein Gefühlsleben gibt. Ähnlich emotional geht es in seinem Buch sonst nur zu, wo er übers Essen und Trinken schreibt. »O, welche Wohltat«, notierte er etwa ein paar Seiten zuvor überschwänglich, als Mzee, der afrikanische Koch, für die Reisegruppe »einen Topf Kakao« zubereitete und dazu »Erbswurst und Büchsenbrot« servierte. Erbswurst und Büchsenbrot? Ich muss laut lachen. Hatte ich mich gestern noch gefragt, ob es überhaupt eine gute Idee gewesen ist, das alte Buch lesend durch Afrika zu reisen, macht mir das Konzept des historisch betreuten Reisens inzwischen wieder Spaß. So viel mich an seinem Schreibstil auch nervt, so viel mich an seinen Ansichten verstört, langweilig ist es mir mit Graetz nie.

Ich muss husten, denn mir ist ein Tier in den Rachen geflogen. Weil ich zum Lesen das Licht anhabe, aber das Fenster nicht geschlossen habe, werden die letzten Stunden meiner Bahnfahrt zur Folter. Unzählige Moskitos, Motten und andere für mich schwer zu identifizierende Insekten brummen durch unser Abteil. Salum trägt es mit Fassung, legt sich einen Arm über Mund und Augen. Joseph hat uns zu diesem Zeitpunkt bereits verlassen, ist in seinem Heimatdorf ausgestiegen. Ich setze mich rüber in den Großraumwagen. Die abgekämpften Passagiere, die dort schon die über eintausend Kilometer seit Daressalam sitzen, können ihre Erschöpfung

TABORA

nicht mehr verbergen. Mit leeren Gesichtern und ausgestreckten Gliedern hängen sie auf den zerschlissenen Polstern. Es wird wirklich langsam Zeit, dass wir ankommen.

Hat der Lokführer mein stilles Flehen erhört? In den frühen Morgenstunden meiner zweiten Nacht an Bord nimmt der Zug auf einmal richtig Tempo auf. Milde Luft strömt durchs Fenster. Waren wir die meiste Zeit seit Tabora bergauf gefahren, geht es jetzt in einer wilden Schussfahrt runter nach Kigoma. Wir passieren Gleiskilometer 1252 und stehen schließlich am Vormittag vor einem gewaltigen Bahnhofsgebäude. Erst im Februar 1914 stellten die Deutschen diesen Endpunkt der Strecke fertig. Ein halbes Jahr später begann der Erste Weltkrieg.

Kapitel 8
KIGOMA

Ich hänge auf einem Stuhl in der Ecke meines Hotelzimmers und fühle mich elend. Durch das Fenster kann ich tanzende Wellen sehen, in der Ferne die bergige Küste der Demokratischen Republik Kongo. Normalerweise würde mich so ein Ausblick in Begeisterungsstürme versetzen, aber gerade ist mir alles egal. Seit zwei Tagen pendle ich zwischen Toilette und Bett. Nichts, was ich esse, bleibt im Körper. Wie schon auf vielen anderen großen Reisen zuvor hat mich Montezumas Rache also auch dieses Mal wieder voll erwischt.

Ist es der übliche Magen-Darm-Infekt oder doch ein Parasitenbefall? Ich versuche mich an all die Mahlzeiten meiner Zugreise zu erinnern. An all die Köstlichkeiten, die mir durchs Abteilfenster gereicht wurden. Die Nüsse, das getrocknete Fleisch, die gegrillten Fische, den Honig, der hier – Salum und Joseph hatten recht – wirklich besser schmeckt als im Rest der Welt. Bei keiner der Erinnerungen zieht es mir den Magen zusammen. Irgendwo habe ich mal gehört, dass sich der Körper im Falle einer akuten schweren Magenkrankheit genau daran erinnern kann, was diese ausgelöst hat. Meiner nicht.

Wie ein Zombie laufe ich über Kigomas rote Sandstraßen, hole mir in einer kleinen Apotheke ein paar Tabletten gegen alles Mögliche, sitze am Seeufer neben von Stacheldraht umgebenen Containern einer leer stehenden Unterkunft des UN-Flüchtlingshilfswerks und blicke aufs Wasser. Der Tanganjikasee ist fünfzig Mal größer als der Bodensee und der zweittiefste See der Erde. Ich merke, wie es mich entspannt, einfach mal nichts zu machen.

KIGOMA

Lesen geht bei mir zum Glück immer. Und so stelle ich fest, dass Anfang 1908 auch Herr von Roeder, der treue Reisebegleiter von Paul Graetz, genau hier am See daniederlag. Malaria, einundvierzig Grad Fieber, Nervenlähmungen. Ohne Doktor Feldmann, den deutschen Stabsarzt in Ujiji, hätte es ihn wohl dahingerafft. Auch dem Chauffeur, bekanntlich bereits Fahrer Nummer zwei auf der Reise, ging es schlecht in jenen Tagen. Mit ihm allerdings hatte Graetz weit weniger Mitleid, hielt er ihn doch für einen Simulanten:

Als der Chauffeur in Kilimatinde den ersten ganz leichten – nur einen Nachmittag währenden – Malariaanfall bekam, verweigerte er bereits die Weiterfahrt und liess uns durch den die Station führenden Leutnant Braunschweig bitten, mit ihm im Auto nach Daressalam zurückzukehren. Erst ernstliche Vorhaltungen vermochten ihn zur Weiterfahrt zu bewegen. Ganz ähnlich jetzt! Während der Chauffeur noch vor wenigen Tagen versicherte, das Auto reparieren zu können, schrieb er unter dem Eindruck dieses kleinen Fiebers, dass an eine Reparatur nicht zu denken sei.

Eingebildete Krankheiten hin oder her – wie sollte es für Graetz und seine Leute von hier aus weitergehen? Um zurück auf die ursprünglich geplante Reiseroute zu gelangen, musste das Auto irgendwie nach Bismarckburg am Südende des Sees gelangen. Der Expeditionsleiter machte sich auf den Weg zum Hafen und lernte dort die Besatzung eines deutschen Dampfschiffs kennen. Die Männer versprachen ihm, das Auto über das grosse Gewässer zu schippern. Ein Kran brachte es an Bord und schon wenige Tage später wurden die Anker gelichtet.

Dann ging es »Volldampf voraus« gegen Süden. Die kleine »Hedwig« ist ein seetüchtiges Schiffchen und hat schon so

KAPITEL 8

manchen Strauss erlebt mit den gefährlichen, plötzlich mit ungeheurer Heftigkeit auftretenden Stürmen dieses Sees. Obwohl mit wenig Komfort ausgestattet – es befinden sich nicht einmal Kabinen an Bord –, bietet dieser Dampfer, peinlich sauber von Kapitän Neumüller gehalten, seinen Passagieren einen recht angenehmen Aufenthalt.

Das Schiff, von dem der Reisende da so schwärmte, war die *Hedwig von Wissmann,* benannt nach der Ehefrau von Hermann von Wissmann, über den ich auf dieser Reise ja auch schon so einiges erfahren habe. Zum damaligen Zeitpunkt war die *Hedwig* noch ein Postschiff, im Krieg später aber wurden Kanonen an Deck installiert. Im Februar 1916, gerade mal acht Jahre nachdem Graetz es als Autofähre benutzt hatte, ging es nach einem Gefecht mit der britischen Navy unter.

Eine deutsch-britische Seeschlacht auf einem afrikanischen Binnengewässer? Die Gefechte um die Vorherrschaft auf dem Tanganjikasee gehören wohl zu den skurrilsten Kapiteln des Ersten Weltkrieges. Neben der *Hedwig von Wissmann* hatten die Deutschen auch die *Kingani,* die *Wami* sowie schließlich die *Goetzen,* ein über siebzig Meter langes Passagier- und Frachtschiff, das erst ein Jahr vor Kriegsbeginn in der Meyer Werft in Papenburg vom Stapel gelaufen und in Einzelteilen nach Afrika gebracht worden war, mit Bordwaffen ausgestattet. Die Briten hielten mit zwei kleinen Barkassen, der *Mimi* und der *Toutou,* dagegen. Wie man unter anderem bei Schriftsteller Giles Foden wunderbar nachlesen kann, hatte ein exzentrischer Kommandeur namens Geoffrey Basil Spicer-Simson, der süchtig nach Worcestersauce gewesen sein soll und gerne von seiner Frau genähte Röcke getragen habe, die zwei Schiffe auf äußerst abenteuerlichen Wegen von Kapstadt hergebracht. Obwohl die Briten der deutschen Seemacht unterlegen waren, feierten sie einen Erfolg nach dem anderen. Zuerst wurde die *Kingani* erbeutet,

KIGOMA

dann die *Hedwig* versenkt. Die *Goetzen*, benannt nach Graf von Götzen, dem Mann, der ein paar Jahre zuvor noch den Maji-Maji-Aufstand niedergeschlagen hatte, wurde von einem belgischen Flieger getroffen, allerdings nicht versenkt. Das übernahmen die Deutschen selbst. Als sich die kaiserlichen Truppen im Sommer 1916 aus Kigoma zurückziehen mussten, befahl Kommandeur Paul von Lettow-Vorbeck, das Schiff auf den Grund des Tanganjikasees zu befördern, damit es den Feinden nicht in die Hände falle.

Mit diesem vermeintlichen Schlusspunkt könnte dieser kleine historische Schlenker enden, doch das würde der Geschichte nicht gerecht werden. Schließlich ruhte die *Goetzen* nur ein paar Jahre auf dem Seeboden. Schon 1924 holten sie die Briten, die nach der deutschen Weltkriegsniederlage in Kigoma herrschten, auf Geheiß von Winston Churchill zurück an die Oberfläche. Das Schiff wurde auf Vordermann gebracht und in *Liemba* umbenannt – so heißt der Tanganjikasee auf Swahili. Irgendwann gingen die Engländer, die *Liemba* aber blieb. Jahrzehntelang kreuzte sie zwischen den nun unabhängig gewordenen Anrainerstaaten des Sees. Noch im Jahr 2018, also mehr als ein Jahrhundert nach seiner Fertigstellung, soll der Kahn als inzwischen ältestes Passagierschiff der Welt regelmäßig im Fähreinsatz gewesen sei, lese ich. Und heute? Das muss ich herausfinden.

Nach Tagen des gesundheitlichen Schwebezustands geht es mir langsam besser, sodass ich beschließe, wie einst Graetz runter zum Hafen zu gehen. Die Sonne brennt heiß in der Mittagszeit, ein gelangweilter Wachmann sitzt vor dem Zaun, der die Zollsonderzone vom Rest der Stadt trennt. Nur ein paar Frachtkähne liegen am Pier. Im Dreiländereck mit Burundi und Kongo scheinen nicht viele Güter auf dem Seeweg transportiert zu werden. Oder ist hier gerade einfach nur Siesta? Ich gehe über von Unkraut bewucherte Gleise und bin kurz sprachlos, als ich in einer anderen Ecke des Hafens plötzlich eine weiße Motoryacht liegen sehe.

KAPITEL 8

An Deck sitzt ein gut gekleideter Mann. Weißes Hemd, stylische Jeans, Bootsschuhe. Der Typ passt irgendwie nicht hierhin, denke ich und ärgere mich im selben Moment über mich und meine Vorurteile. Warum soll es im armen Westen Tansanias nicht auch ein paar Yuppies geben?

Inzwischen ist der Sicherheitsdienst des Hafens auf mich aufmerksam geworden. Was ich hier suche, fragt mich ein Uniformierter. »Die *Liemba*«, antworte ich. »Nach der hat hier schon Monate keiner mehr gefragt«, sagt er. Gegen ein kleines Schmiergeld öffnet sich der Zaun und ein paar Minuten später stehen wir vor der rostigen Bordwand des legendären Schiffs. Ruhig liegt die *Liemba* im Hafenbecken, ihr Bug ist eingepfercht zwischen zwei kleineren Booten. Über eines der beiden muss man steigen, um an Bord zu gelangen. Ein Matrose grüßt von oben und deutet mit einer einladenden Handbewegung an, dass ich doch bitte die Gangway heraufkommen möge. Der Matrose trägt Badelatschen, kurze Hose und einen dunkelblauen Kittel, den er sich offenbar auf die Schnelle übergeworfen hat. Er wirkt etwas derangiert, wie einer, der gerade etwas zu abrupt aus einem tiefen Mittagsschlaf aufgewacht ist. Wir nehmen die steile Treppe vom Vorderdeck in Richtung Brücke. In einer kleinen Passagierkabine in der Nähe der Treppe liegen ein paar Männer in Stockbetten, Handtücher trocknen auf einer Leine. Auf einem Schiff, das seit vier Jahren nicht mehr in Betrieb ist, hätte ich weniger Betrieb vermutet. »Wohnt ihr alle hier?«, frage ich. »Eine Crew muss immer an Bord sein«, antwortet einer. »Auch wenn das Schiff schon lange nicht mehr fährt?« »Ja, auch dann. Es soll schließlich nicht noch mehr kaputtgehen.«

Hinter mir räuspert sich jemand und sagt dann mit tiefer und selbstbewusst klingender Stimme: »Willkommen an Bord.« Ich drehe mich um, weiß aber auch schon bevor ich das Gesicht meines Gegenübers sehe, dass es sich bei diesem Mann um den Kapitän handeln muss. Hundert Punkte. »Ich bin Captain Titus, schön, Sie kennenzulernen.« Ich stelle mich kurz vor, aber es scheint ihm nicht so wichtig zu sein, wer genau ich bin. Wichtig ist ihm vielmehr, dass überhaupt Besuch kommt. »Die *Liemba* braucht Aufmerksamkeit«, sagt er, »Aufmerksamkeit und Geld.«

Wir blicken auf den See, der vor uns liegt. Kapitän Titus trägt ein hellblaues Poloshirt der tansanischen Hafenarbeitergewerkschaft, unter dem ein runder Bauch spannt. Er legt eine Hand auf das hölzerne Steuerrad, streichelt es sanft. »Dieses Schiff ist etwas ganz Besonderes«, erklärt er. Mehr als zwanzig Jahre habe er auf der *Liemba* und dem Tanganjika verbracht. Unzählige Tonnen Fracht, Hunderttausende Passagiere, immer wieder auch Flüchtlinge, denn die Ufer des Sees werden in regelmäßigen Abständen von Kriegen, politischen Unruhen und Naturkatastrophen heimgesucht.

»Mir fehlen vor allem diese Bewegungen«, sagt Titus und imitiert ein Schlingern, für das sein betagtes Schiff berühmt gewesen sein soll. Noch im letzten Jahr sei man testweise einmal kurz unterwegs auf dem See gewesen, inzwischen aber seien die Mängel zu groß, das Risiko zu hoch, Schiffbruch zu erleiden. Was an Bord der *Liemba* im Einzelnen kaputt oder nicht mehr funktionstüchtig ist, lässt sich offenbar nicht ganz einfach erklären. Mal fehlt dem Kapitän eine englische Vokabel, mal mir. Es geht um die Außenwände, die Technik, die Motoren. Seit einer Generalüberholung in den 1970ern fährt die »alte Lady«, wie Titus sie nennt, nicht mehr mit Dampf, sondern mit Diesel. Ich erzähle von Paul Graetz und dessen Reise auf der *Hedwig von Wissmann*. Dass ich auf den Spuren der alten Schiffspassage gerne selbst auf dem Seeweg nach Kasanga reisen würde, rührt den Kapitän fast zu Tränen. »Ich würde Sie wirklich gerne fahren, aber ich fürchte, Sie müssen den Bus nehmen.« Seitdem die *Liemba* nicht mehr seetüchtig sei, gebe es gar keine Fährverbindungen über den Tanganjika mehr, sagt er. »Für Durchreisende wie Sie ist das ärgerlich, für die Menschen hier aber ist es eine Tragödie.«

KAPITEL 8

Wir drehen noch eine Runde über das Schiff. Unten in der dritten Klasse, wo leere Holzbänke eng beieinanderstehen, ist die Luft sehr stickig. Hier drängten sich früher die ärmsten Passagiere. Noch im Jahr 2015 habe man für das UN-Flüchtlingshilfswerk Tausende notleidende Menschen aus Burundi nach Kigoma gefahren, erinnert sich Kapitän Titus und spricht dann auf einmal über den Film *African Queen* aus den 50ern. Humphrey Bogart und Katherine Hepburn vor der Kulisse des Ersten Weltkriegs im Kampf gegen ein deutsches Kanonenboot in Afrika. In der Romanvorlage von C. S. Forester heißt das Schiff *Luisa*, doch es ist davon auszugehen, dass es die *Goetzen* beziehungsweise die *Liemba* war, die Autor und Filmemacher inspirierte. »Unser Schiff hat es bis nach Hollywood geschafft«, sagt einer von Titus' Männern. Wie es mit der *Liemba* jetzt weitergehe, will ich wissen. Die Entscheidung liege bei der tansanischen Regierung, vielleicht auch bei ausländischen Geldgebern, erklärt der Kapitän. »Entweder sie zahlen für eine komplette Reparatur oder wir werden ein Museumsschiff.« Oder irgendwas langsam vor sich Hinrottendes dazwischen, denke ich, sage es aber nicht laut. Stattdessen frage ich ihn, was er sich denn wünschen würde. Die Antwort kommt schnell: »Ich warte jeden Tag darauf, dass wir wieder rausfahren.«

Kigoma ist mir in den letzten Tagen ans Herz gewachsen. Die freundlichen, aber zurückhaltenden Menschen, die geschäftigen Straßen, die grünen Hügel, hinter denen im Norden der Stadt auch die Schimpansen leben, die Jane Goodall einst in ihren Bann zogen. Schon jetzt bin ich länger geblieben als geplant. Warum also nicht noch ein paar Tage mehr? Abends sitze ich in der Bar *Breeze*, schaue Fußball und freunde mich mit ein paar Sportwettenzockern an. »Pass auf, dass du nicht zu lange hierbleibst und dich jemand suchen kommen muss«, sagt einer. In Kigoma versacken und von der Bildfläche verschwinden? Richtig, da war ja mal was.

KIGOMA

Mit dem Motorrad fahre ich in die alte Siedlung Ujiji. Hier findet man die größte Touristenattraktion der Gegend: einen Baum, den es nicht mehr gibt. Klingt komisch, ist aber tatsächlich so, wie auch die kleine Inschrift an einem etwas zu klobig geratenen Denkmal beweist: »Unter dem Mangobaum, der hier damals stand, traf Henry M. Stanley David Livingstone. 10. November 1871.« Lange war der bekannte schottische Forscher und Missionar Livingstone in Afrika verschollen gewesen, bis ihn der amerikanische Reporter, der später im Kongo noch selbst Unmengen an Kolonialgeschichte schreiben sollte, hier am Ufer des Tanganjikasees aufspürte. »Dr. Livingstone, nehme ich an?« Ob Stanley die berühmten Worte wirklich gesagt hat, ist unter Historikern umstritten. Hier behaupten sie, sie seien genau so gefallen. Dann will ich das auch mal glauben.

Im kleinen Livingstone Museum nebenan soll es nicht nur um den prominenten Namensgeber gehen, sondern auch darum, wie das Leben hier aussah, bevor der Handel mit Elfenbein, Bodenschätzen und Menschen Ujiji zu einem Marktplatz der Grausamkeiten machte. Ich beobachte eine Schulklasse, die durch die Ausstellungsräume geht und den Vorträgen ihres Lehrers lauscht. Die Kinder sind vielleicht elf, zwölf Jahre alt. Niemand tuschelt oder macht Witze. »Ujiji ist ein Erinnerungsort für menschliches Leid und Erniedrigung, verursacht durch Sklaverei, Sklavenhandel und die Zumutungen des europäischen Kolonialismus.« So steht es auf einer der Erklärtafeln an der Wand, die auch der Lehrer zitiert. Das brutale Erbe des Sklavenhändlers Tippo Tip, in Ujiji ist es allgegenwärtig. War Livingstone ein Guter? Das Museum lobt ihn als leidenschaftlichen Kämpfer gegen die Sklaverei, aber natürlich kann man seine Geschichte nicht ohne den Kolonialismus erzählen. Für Grauzonen und Zwischentöne scheint wenig Platz unterm nicht vorhandenen Mangobaum zu sein.

Ich setze mich ein letztes Mal an den See und schlage Graetz' Buch auf. Warum hat er im Kigoma-Kapitel keinen einzigen Satz

KAPITEL 8

über Livingstone geschrieben? Das große Wiedersehen mit Stanley war damals doch gerade mal eine Generation her und müsste eine große Geschichte gewesen sein. Selbst der berühmte Mangobaum dürfte damals noch geblüht haben. Vielleicht war Graetz ja einfach zu beschäftigt damit, auf seinen Chauffeur zu schimpfen und die Schiffspassage für das beschädigte Auto zu organisieren. Drei Tage nach dem Aufbruch in Kigoma erreichte die *Hedwig von Wissmann* am 27. Januar 1908 Bismarckburg. Der Chef der lokalen Militärstation, ein gewisser Oberleutnant von Puttkamer, offenbar ein Verwandter Jesko von Puttkamers, der zuvor als kaiserlicher Gouverneur in Deutsch-Kamerun brutal gewütet hatte, lud die Reisenden zu einem Festessen ein. Graetz war beseelt:

> Elf Deutsche hatten sich eingefunden, um den Geburtstag ihres Kaisers zu feiern. Die heitere Stimmung hielt uns bis tief in die Nacht auf der luftigen, nach dem See hinausragenden Veranda beisammen. Welch eine herrliche Tropennacht! Drunten auf dem Wasser des Tanganjika spiegelte sich die glänzende Pracht des südlichen Sternenhimmels. Dieses Fest bildet einen schönen Abschluss unserer Durchquerung Deutsch-Ostafrikas. Ein neuer Abschnitt beginnt. Die »Hedwig von Wissmann« führt uns jetzt in den englischen Hafen Kituta.

Kituta? Ich muss kurz nachschauen, wo das liegt. Offenbar ganz in der Nähe der sambischen Stadt Mpulungu. Wie aber soll ich da hinkommen? Anders als für Graetz ist für mich eine Fahrt über das Wasser ja leider keine Option. Schließlich beschließe ich, entlang des Ostufers die wenig befahrene Überlandstraße in Richtung Süden zu nehmen. Magen und Darm sind endlich wieder fit und ich freue mich, dass meine große Reise weitergehen kann.

Kapitel 9
MPANDA UND MBEYA

Das nächste Etappenziel heißt Mpanda. »Superdoll Express« steht auf meinem Ticket, das unser Busstewart mit einer geschwungenen Signatur entwertet. Busstewarts machen einen wichtigen Job. Sie verkaufen und kontrollieren Tickets, sorgen dafür, dass alle Passagiere einen Platz haben, kümmern sich um das Gepäck, das vor allem auf dem Dach verstaut wird. Unser Stewart trägt einen Pullover, auf dem »I love Cannabis« steht. Ob er ein leidenschaftlicher Kiffer ist? Und nach welcher Superpuppe das Reiseunternehmen wohl benannt ist? Nein, es sind nicht die alles entscheidenden Fragen, die mir in diesen frühen Tagesstunden durch den Kopf wabern, aber so ist das eben, wenn man nichts anderes zu tun hat, als grübelnd aus dem Fenster zu starren. Draußen geht in blutroten Farben die Sonne auf. Ein euphorischer Sitznachbar jauchzt eine rhetorische Frage in die müde Runde: »Ist die Welt nicht wunderschön?«

Der Westen Tansanias ist tatsächlich voll wilder Schönheit. Urwald links und rechts, vorne und hinten, Asphalt dafür so gut wie gar nicht mehr. Die Buckel- und Ruckelpisten, die von Kigoma aus parallel zum See nach Süden führen, haben es in sich. Immer wieder bleiben wir stehen, weil irgendwas kaputtgeht. Er würde ja gerne einen neuen Bus fahren, stöhnt unser Fahrer, aber dafür reiche das Geld leider nicht. »So bleibt uns eben nichts anderes übrig, als eure alten Kisten zu reparieren.« Eure? Soll ich mich angesprochen fühlen? Unser Fahrzeug ist kein europäisches, sondern ein indisches Fabrikat, aber ich repräsentiere in seinen Augen offenbar alle Nichtafrikaner dieser Welt.

KAPITEL 9

Es tut gut, wieder unterwegs zu sein. Nachdem ich die zurückliegenden knapp drei Wochen vor allem in Städten verbracht habe, sind es an diesem Tag vor allem die Dörfer, die mich faszinieren. Jedes Mal, wenn wir halten, ist es, als drücke jemand die Pausetaste im Alltag der Menschen. Die Marktfrauen unterbrechen ihr Gespräch, Metzger lassen das Beil fallen, die Alten treten aus ihren Hütten. Kaum sind unsere Reifen zum Stehen gekommen, strömen alle herbei. Der Bus ist hier auch eine Art Postkutsche, bringt Briefe und Pakete aus der Stadt.

Dann folgt alles einem gut einstudiert wirkenden Drehbuch. Kaum sind die Lieferungen verteilt, kommen die Proviantverkäufer an Bord. Nüsse sind der Klassiker, doch es gibt auch extravagante Menüs, die reißenden Absatz finden. Im Dorf Busongola – vielleicht sind wir aber auch schon in Kimalapamba – verkauft ein Mann frisch gegrillte Fleischspieße. »Das sieht aber nicht aus wie Hühnchen«, sage ich. »Ist es ja vielleicht auch nicht«, kommentiert einer der Käufer und zwinkert mir zu. Was es stattdessen sein könnte, bleibt unklar. Der Verkauf von sogenanntem Bushmeat, also unkontrolliertem Wildfleisch beispielsweise von Stachelschweinen, Hamsterratten oder auch kleinen Affen, ist weitgehend illegal in Tansania. Es gilt als Virenträger, außerdem zerstöre die Wilderei funktionierende Ökosysteme. »Schmeckt hervorragend«, sagt mein Mitreisender und bittet mich, doch einmal abzubeißen. Ich lehne dankend ab, weniger aus ethischen Motiven, sondern aus Angst, Montezumas Rache könnte zurückkehren. Aus eigener Erfahrung weiß ich, dass es kaum etwas Schlimmeres gibt, als irgendwo auf freier Strecke einen Busfahrer überreden zu müssen, doch bitte mal anzuhalten, um dann mit gekrümmtem Gang im Gebüsch zu verschwinden. Vor lauter Scham nichts zu sagen, weiterzufahren und mit den Konsequenzen zu leben, ist übrigens auch keine gute Option.

Noch etwa fünf Stunden bis Mpanda. Was gab es Neues bei Graetz und seinem Tross? Haben sie das Auto wieder zum Laufen

MPANDA UND MBEYA

bekommen? Die kurze Antwort: Nein, haben sie nicht. Nach ihrer Ankunft im britisch kontrollierten Seeort Kituta kamen sie im wahrsten Sinne des Wortes antriebslos bei einem »Mr. Leyer«, dem Kolonialverwaltungschef von Abercorn, dem heutigen Mbala, unter. Die Familie des Magistrats habe sich aber, so freute sich der Expeditionsleiter, rührend um Herrn von Roeder gekümmert, der einen Fieberrückfall erlitten hatte. Ja, glaubt man Graetz' Aufzeichnungen, schienen Engländer und Deutsche nur sechs Jahre vor Beginn des Ersten Weltkriegs im kolonialisierten Afrika sehr gut miteinander auszukommen. Graetz schmeichelte zudem noch immer, dass es unter britischen Journalisten ein vergleichsweise großes Interesse an seiner Reise gegeben hatte. Sollte die Expedition scheitern, hätte er sich auch vor ihnen lächerlich gemacht. Diese Schmach galt es um jeden Preis zu verhindern.

Dass der Erfolg der Expedition zu diesem Zeitpunkt am seidenen Faden hing, hatte laut Graetz vor allem mit der Einstellung des Chauffeurs zu tun. Gleich mehrmals hatte dieser gewagt zu behaupten, dass das Fahrzeug seit dem letzten Unfall nicht mehr zu reparieren sei. Graetz sah das anders und nahm mit Genugtuung zur Kenntnis, dass er in seinem Misstrauen gegenüber dem Fahrer nicht allein war. Ein ehemaliger Maschinist der kaiserlichen Marine, der nach seinem Ausscheiden aus der Kolonialtruppe als Bauer in Afrika sesshaft geworden war und Graetz' Expeditionsmannschaft beim Zwischenhalt in Bismarckburg mit Obst, Gemüse und Butter versorgt hatte, sah es genauso:

> Dieser Herr bekam Kenntnis von den Äußerungen des Chauffeurs und sprach mich darauf an, indem er bemerkte, es dürfe nicht geschehen, dass dieser Chauffeur den deutschen Handwerkerstand derart vor aller Welt blossstelle, und vor allen Dingen nicht den Engländern gegenüber, die mit Spannung

KAPITEL 9

unserer Autoexpedition entgegensähen. Lediglich aus diesem Grunde bot er mir in liebenswürdiger Weise seine Hilfe für das Zusammensetzen des Autos in Kituta an.

Obwohl der Bauer vor dem Zusammentreffen mit Graetz und seinem Wagen noch nie zuvor ein Automobil aus der Nähe gesehen hatte, erwies er sich offenbar als äußerst geschickter Mechaniker. Schritt für Schritt nahm er den Motor auseinander, verstellte das den Magneten treibende Schneckenrad Millimeter um Millimeter, schraubte, kurbelte – und siehe da, die Kiste sprang an. Während sich alle anderen Expeditionsteilnehmer freuten, stand der Chauffeur nun mit dem Rücken zur Wand. Aller möglichen Ausreden beraubt, suchte er das Gespräch mit Graetz. »Er erklärte mir rund heraus: ›Ich will und kann nicht mehr weiterfahren.‹ Obwohl mir ja bereits bekannt war, dass der Chauffeur sich mit der Absicht trug, die Weiterfahrt aufzugeben, kamen mir seine Worte doch sehr überraschend. Der Mann machte sich also kein Gewissen daraus, uns hier im Stiche zu lassen.«

Warum er absprang? Vermutlich war er das Gemeckere des Chefs einfach leid. So groß der Ärger über den Abgang war, so schnell fand Graetz aber auch hier wieder eine Lösung. Der Mann, der das Auto auf so beeindruckende Weise wieder zum Laufen gebracht hatte, sollte eingestellt werden, als nunmehr dritter Chauffeur der Reise. Vor dem Magistrat von Abercorn wurde sofort ein Kontrakt mit dem technisch versierten Farmer geschlossen. Absprachen, Verhandlungen, Vertragsbrüche, neue Verträge – Graetz' Expedition war eine nervenzehrende Gruppenreise. Helfer galt es zu finden, die Logistik zu planen. Bei jeder Änderung der Route mussten sämtliche Sprit- und Reifenvorräte, die entlang der ursprünglich geplanten Strecke verbuddelt waren, an neue Wegesränder gebracht werden. Ein enormer Aufwand war das, zumal die Abstimmung mit Unterstützern und Dienstleistern mühsam via Telegrafenverbindung erfolgte. Ich klappe das Buch zu und freue mich nicht zum ersten Mal, in einer anderen Zeit, vor allem aber allein unterwegs zu sein.

Auf der buchstäblich letzten Felge erreichen wir Mpanda. Im einzigen Gasthof des Städtchens bin ich einer der wenigen Gäste. Mpanda liegt unmittelbar vor den Toren des abgelegenen Katavi-Nationalparks, einem der größten und schönsten Tansanias, in den sich trotzdem nur selten Touristen, geschweige denn Touristenströme verirren. Ich schlendere über den belebten Markt, esse ein halbes Hähnchen und erfahre auf dem Handy vom plötzlichen Tod der Mutter eines Freundes. In einer für den kleinen Ort viel zu groß geratenen Kirche übt ein Gospelchor für die Messe am nächsten Morgen. Ich sitze in einer der hinteren Holzbänke, Tränen laufen mir übers Gesicht. Allein zu reisen ist zwar einerseits das Größte, aber manchmal auch gar nicht so einfach.

Von Mpanda geht es weiter nach Mbeya. Zu Zeiten von Graetz herrschte hier ein gewaltiger Goldrausch. Im Jahr 1905 wurden die ersten Vorkommen entdeckt, noch heute ist eine große Mine in der Gegend aktiv. Gleich da hinten liegt das *Lupa Gold Field*, sagt der Minibusfahrer und deutet aus dem Fenster. Für mich wirkt es tatsächlich so, als leuchteten seine Augen ein wenig mehr, als er über die strahlenden Schätze im Boden spricht. Wir schrauben uns die Hügel hinauf. Oben in Mbeya, fast zweitausend Meter über dem Meeresspiegel, wird es ohne Sonnenstrahlen empfindlich kalt. Zum ersten Mal seit Beginn meiner Reise friere ich nachts.

Es ist Zeit, mir Gedanken zu machen, wie es von hier weitergehen soll. Im Buch von Graetz lese ich, dass dieser eigentlich den Plan hatte, vom Südende des Tanganjika über die sogenannte Stevenson-Straße ein Stück zurück nach Osten, ins britische Protektorat Nyasaland, zu Deutsch Njassaland, also das heutige Malawi, zu reisen. Von dort wollte er sich dann nach einer Bootsreise über den Njassa, also den Malawisee, etwas weiter südlich in Richtung

KAPITEL 9

Westen durchschlagen. Am Ende verwarf er den Plan und blieb im Norden Rhodesiens, fuhr über Kasama und Mpika nach Brokenhill, dann weiter zu den Victoriafällen.

Soll ich ihm folgen oder doch die ursprünglich von ihm geplante Route über Malawi wählen? Ich sitze im Garten eines alten Motels ein paar Kilometer außerhalb des Zentrums von Mbeya und weiß nicht weiter. Es ist ein Luxusproblem, schon klar, trotzdem tue ich mich schwer mit der Entscheidung, würde sie doch die nächsten Wochen meiner Reise maßgeblich beeinflussen. Ich denke zurück an Kapitän Titus. Bei unserem Abschied in Kigoma hat er mir mit auf den Weg gegeben, dass ich, sofern es irgendeine Möglichkeit gebe, unbedingt über den Malawisee schippern sollte. »Da gibt es ein Schiff, das eine ähnlich schöne Seele hat wie unsere *Liemba*«, sagte er. »Sie heißt *Ilala*.«

Ja, ich hatte schon von ihr gehört. Ein alte schottische Lady, die seit mehr als siebzig Jahren das Wasser des Njassa kreuzt. Was könnte es Schöneres geben, als sie und die Menschen, die mit ihr unterwegs sind, ein paar Tage zu begleiten? Nein, groß überreden muss ich mich selbst nicht mehr. Wenn mich jemand nach meinen persönlichen Reisepräferenzen fragt, sind diese für mich klar gelistet. Autofahren schlägt die Fliegerei, Zugreisen sind besser als Busreisen, aber Schiffsreisen noch besser als Zugreisen. In Peru habe ich mal eine Reportage über einen alten Flussdampfer gedreht. Wehmütig erinnere ich mich auch an meine letzte große Reise durch Afrika, als ich, um von Ägypten in den Sudan zu kommen, mit einer altersschwachen Fähre den Nasser-Stausee überquerte. An Bord traf ich jede Menge Desperados und Glücksritter. Nachts schliefen wir dicht gedrängt an Deck, über uns der Sternenhimmel.

So soll es jetzt also nach Malawi gehen, ein Land, in dem ich zuvor noch nie gewesen bin. Und in das zu diesem Zeitpunkt übrigens gar nicht so einfach reinzukommen ist. Mehr als zwei Jahre nach Beginn der Coronapandemie sind die meisten Grenzen im süd-

MPANDA UND MBEYA

lichen Afrika zwar wieder geöffnet, aber es gelten strenge Regeln. An der Grenze zu Tansania verlangen die malawischen Beamten zu diesem Zeitpunkt einen PCR-Test, der nicht älter als zweiundsiebzig Stunden sein darf. Was für reiseerprobte Großstädter machbar klingt, ist in der tansanischen Provinz durchaus eine Herausforderung. Es gibt nicht viele Labore, die Tests anbieten und dann auch noch weniger als drei Tage brauchen, um einem das Ergebnis mitzuteilen.

Nach ausgiebiger Recherche finde ich ein Krankenhaus, das schnelle Arbeit leistet. Jetzt muss ich nur noch auf zügigem Wege zur Grenze. Genau das aber ist auch ein Problem, denn es gibt kaum noch Fahrten in dieser Richtung, was wiederum auch an den Tests liegt. Weil diese umgerechnet etwa fünfzig Euro kosten, kann sie sich hier kaum jemand leisten. Der mir einst als so rege und chaotisch beschriebene Grenzverkehr zwischen Malawi und Tansania ist größtenteils zum Erliegen gekommen, da die Reise ins Nachbarland für viele Menschen zum unbezahlbaren Luxus geworden ist. Die Pandemie hat Privilegierte wie mich also noch privilegierter werden lassen.

Ich nehme ein Taxi für die verbleibenden Kilometer bis zur Grenze und wandere schließlich zu Fuß von einem Grenzposten zum anderen, einmal quer über die Brücke über den Fluss Songwe, der die Nachbarstaaten trennt. Tschüss, Tansania! Du warst gut zu mir. Und jetzt: Guten Morgen, Malawi!

Kapitel 10
MZUZU

Auf einmal sehe ich die auf uns gerichteten Gewehrläufe. Die Soldaten, die neben uns herfahren und in unsere Richtung zielen, machen alles in allem zwar eher einen überraschten als einen entschlossenen Eindruck, aber genau das kann ja in solchen Situationen das Gefährliche sein. Ich spüre, wie Panik in mir aufsteigt. Weitere Pick-ups, bei denen noch mehr Männer in Uniform auf der Ladefläche sitzen, rauschen heran. Ich schaue nach vorne und sehe im Rückspiegel den stieren Blick des Mannes, der uns das alles eingebrockt hat. Kleine Schweißperlen verfangen sich im strichartigen Oberlippenbart des Fahrers, während er mit zitterndem Mund vor sich hin flucht. Er drückt das Gaspedal durch. Ist er jetzt völlig verrückt geworden?

Okay, um diese Geschichte verständlicher zu erzählen, muss ich eher ansetzen. Spulen wir also ein paar Stunden zurück.

Nach meinem einsamen Grenzgang stehe ich am nächsten Morgen in Karonga. Das Städtchen ist der nördlichste Zugangspunkt zum Malawisee, hat aber sonst wenig zu bieten, obwohl das örtliche Museum mit einer Ausstellung wirbt, die den ambitionierten Titel »Von den Dinosauriern zur Demokratie« trägt. Ich will weiter, habe Hummeln im Hintern. Wenn alles gut läuft, könnte ich es heute noch bis Nkhata Bay schaffen, um dort dann in ein paar Tagen an Bord der altehrwürdigen *Ilala* zu gehen. Den Plan, hier oben in Karonga zu warten, bis das Schiff im nahen Hafen Chilumba Station macht, verwerfe ich. Zu groß ist der Wunsch, Strecke zu machen.

MZUZU

»Bis Nkhata Bay wird schwer, aber bis Mzuzu könnten wir es schaffen«, sagt ein Mann, der sich neben mich gestellt hat und offenbar meine Gedanken lesen kann. Ich blicke ihm ins Gesicht. Hohe Stirn, kurze Haare und zwischen Oberlippe und Nase eine Bahn schwarzer Barthaare. Belesene Barber nennen das einen *Tootbrush Moustache*, einen Zahnbürstenschnurrbart. Ja, auch Charlie Chaplin trug so einen Schnäuzer, ebenso ein bekannter afrikanischer Politiker – und genau in diesem Moment weiß ich, an wen mich der Mann erinnert: Robert Mugabe, einst gefeierter Freiheitskämpfer, später verhasster Gewaltherrscher Simbabwes.

Der malawische Mugabe arbeitet als Minibusfahrer und sucht Passagiere. Als er mich anspricht, mit nach Süden zu reisen, sind die Plätze seines Vans schon fast alle besetzt, ein gutes Zeichen, dass es bald losgehen könnte. Wer mit öffentlichen Verkehrsmitteln in Afrika unterwegs ist, lernt schnell, dass, wenn überhaupt, nur Züge und größere Reisebusse an Fahrpläne gebunden sind. Minibusse dagegen fahren in der Regel immer erst dann los, wenn sie voll sind. Nur so können die Tickets günstig bleiben, nur so können die Fahrer, die meist nicht Eigentümer der alten Autos sind, sondern sie von geldgierigen Besitzern pachten, auch etwas verdienen.

Bleibt die große Frage, wann ein Minibus voll ist. Mugabes Gefährt ist eigentlich ein Neunsitzer, hat aber drei extra Klappsitze im Kofferraum und im Freiraum neben der Schiebetür eingebaut. Bei der Abfahrt zähle ich vierzehn Passagiere. Es ist kuschelig eng, aber erträglich. Das Problem ist freilich, dass Mugabe alle paar Kilometer anhält, um weitere Leute mitzunehmen. Fünfzehn, sechzehn, siebzehn. Es wird enger und enger.

Ich sitze neben Doreen, einer netten, vielleicht sechzig Jahre alten Dame, die es sich offenbar zum Ziel gesetzt hat, mir den Aufenthalt an Bord so unterhaltsam wie möglich zu gestalten. Jeder Baum und jede Affenart, den beziehungsweise die ich durch das Fenster erspähe, wird mir wortreich erklärt, wobei Doreen, wenn

KAPITEL 10

sie selbst etwas nicht weiß, lautstark die Schwarmexpertise aller im Van sitzenden Reisenden einfordert. Irgendeiner findet sich dann immer, der Wissen und Wahrheit parat hat. »Malawi ist ein sehr gastfreundliches Land«, sagt Doreen, »die Leute sind höflich und geduldig.«

Achtzehn, neunzehn, zwanzig. Inzwischen sitze ich nicht mehr neben, sondern mehr oder weniger unter Doreen, was zur Folge hat, dass mein rechtes Bein immer wieder in einen unangenehmen Taubheitszustand verfällt. Links von mir hat sich ein Mann in eine Lücke gequetscht, die es vorher gar nicht gab. Seinen rechten Arm hat er um meine Schulter gelegt, weil er sonst nicht weiß, wohin damit. Es ist bullenheiß. Immer wieder halten wir an, weil sich der Verkehr staut oder weil Mugabe *noch mehr* Leute mitnehmen will.

Einundzwanzig, zweiundzwanzig. Ein Mädchen wird quer über die Beine der Mittelbänkler gelegt, ein älterer Mann steht schräg in der halb offenen Schiebetür. Wenn ein Auto platzen könnte, jetzt wäre der Moment. Doreen und die anderen haben inzwischen genug von der eigenen Höflichkeit. Zweiundzwanzig Menschen in einem Neunsitzer, das sei selbst für malawische Verhältnisse zu viel. In der Landessprache Chichewa pöbeln sie in Richtung Fahrer, Mugabe pöbelt mit hoher Fistelstimme zurück. Seine Arme wedeln durch die Kabine, sein Gesicht zuckt, was ihn noch mal unheimlicher erscheinen lässt. Immer wieder gerät das Auto ins Schlingern. Lass doch wenigstens die Hände am Lenkrad, denke ich und erinnere mich an die Höllenfahrt von Morogoro nach Dodoma. Was gäbe ich dafür, wenn der unsympathische Dicke von jener Etappe uns jetzt fahren könnte! Im Vergleich zum verrückten Mugabe wirkte der wie ein ADAC-Fahrsicherheitsexperte.

Etwa fünfzig Kilometer vor Mzuzu geht gar nichts mehr. Polizei und Militär haben die Straße abgesperrt, alle müssen links und rechts ranfahren. Der malawische Staatspräsident habe Termine in der Gegend und müsse hier in den nächsten Stunden immer wieder

MZUZU

kreuz und quer entlangfahren, sagt ein Uniformierter. Damit er freie Fahrt hat, müssen alle anderen warten. Erst später am Abend soll die Strecke wieder freigegeben werden. »Das alles für diesen blöden Politiker«, sagt Doreen. Sie hält offenbar nicht viel von dem Mann, den eine Mehrheit ihrer Landsleute zwei Jahre zuvor ins höchste Amt ihres Staates gewählt hat. Ich pflichte ihr bei. Nein, ich kenne mich nicht aus in malawischer Politik, aber es ärgert mich, dass wir nicht weiterkommen. Abgesehen davon ist es vor allem die eigene unbequeme Sitzhaltung, die mich in diesem Moment zu einem Oppositionellen werden lässt. Mein eingeklemmtes Bein kann ich schon lange nicht mehr spüren. Mugabe, unternimm doch endlich was, verdammt noch mal!

Was dann passiert, kann man wahlweise als zivilen Ungehorsam oder als völlig lebensmüden Akt der Anarchie bezeichnen. Mugabe gibt Gas und reißt das Lenkrad herum. Mit quietschenden Reifen ruckeln wir zurück auf die abgesperrte Straße. Unser Mann am Steuer brüllt einen Satz, der so klar und unmissverständlich daherkommt, dass selbst ich für einen kurzen Moment Chichewa zu verstehen scheine. »Scheiß drauf, ihr könnt mich alle mal, ich fahr jetzt.« Ja, genau das muss er gesagt haben.

Bei uns Passagieren sorgt der Ausbruch für eine Mischung aus Angst und wilder Freude. Unsere Karre fliegt über den durchlöcherten Asphalt, als links und rechts plötzlich schicke Autos an uns vorbeischießen, uns abwechselnd überholen und sich wieder zurückfallen lassen. Kein Witz, wir befinden uns mitten in der präsidialen Wagenkolonne. Zwei, drei Autos vor uns fährt die Limousine des Staatschefs, drumherum kreisen Pick-ups mit nervösen Personenschützern und ihren Waffen. Ich beobachte Mugabes Minenspiel. Kaum zu glauben, aber seine Angespanntheit scheint sich zu legen. Jetzt lacht er sogar und winkt den Soldaten zu, die mit gezücktem Maschinengewehr von ihren Ladeflächen aus in unser Auto spähen. Anders noch als vor wenigen Minuten, als er sich mit

KAPITEL 10

uns Fahrgästen ein Wortgefecht nach dem anderen lieferte, wirkt unser Fahrer nun zunehmend gelöst, ja geradezu fröhlich.

Was, wenn seine Entscheidung, trotz aller Verbote einfach loszufahren, am Ende doch keine Tat des Wahnsinns, sondern der Befreiung ist? Ein Korken, der aus der Flasche musste. Ein Knoten, der endlich platzt. Im Rückspiegel sehe ich seine rot unterlaufenen Augen. Wie viele Jahre oder vielmehr Jahrzehnte mag er schon als Minibusfahrer arbeiten? Wie viele Stunden, wie viele Tage, ja Wochen Lebenszeit hat er wohl schon verschenken müssen, weil irgendein Wichtigtuer in Uniform ihm befahl, am Straßenrand zu warten? Wie oft sind ihm schimpfende Passagiere auf die Nerven gegangen, obwohl er doch auch nichts daran ändern kann, dass er nur dann Geld verdient, wenn er den Bus vollkriegt? Ich spüre plötzlich große Sympathie für diesen Underdog in mir aufsteigen. Fahr weiter, Mugabe, fahr weiter, feuere ich ihn innerlich an.

Es gleicht einem Wunder. Die Soldaten lassen uns tatsächlich gewähren, heben irgendwann sogar lächelnd die Daumen. Zwar müssen wir uns am Ende der Kolonne einreihen, dürfen aber weiterfahren. Als der Präsidententross schließlich rechts abbiegt, sind wir allein auf der Straße und haben freie Fahrt. Mugabe grölt vor Glück und ballt die Faust. Zweiundzwanzig übereinandergestapelte Menschen jubeln ihm zu. »Das ist ja mal ein Abenteuer«, sagt Doreen und stößt einen erleichterten Seufzer in meine Armbeuge aus. Wir erreichen Mzuzu, die größte Stadt im Norden Malawis. Von hier aus muss ich mich jetzt nur noch zum Seeufer durchschlagen. Malawis mutigster Minibusfahrer wird noch am selben Abend wieder nach Karonga zurückfahren.

Malawi macht müde. Mich zumindest. Der Lärm, das Chaos, die vielen Eindrücke. Zwei von drei Menschen in Malawi »leben in extremer Armut«, lese ich in der Broschüre irgendeiner Hilfsorganisation, die ich in einem vergammelten Straßencafé in der Nähe des

MZUZU

Busbahnhofs finde. Extreme Armut? Ein seltsam distanzierter Begriff. Armut hat Gesichter. Armut schmeckt, riecht, stinkt. Armut ist Angst, Verzweiflung, manchmal auch Hoffnung. Die meisten Einwohner Malawis »leben vom Tabakanbau«, lese ich weiter. Ist das eigentlich ein zukunftsträchtiges Geschäft, wo es doch weltweit immer weniger Raucher gibt? Wenn nicht, was sollen sie sonst machen? Fragen über Fragen.

Auf meinem Handy lese ich, dass Malawi erst seit 1964, seit der Unabhängigkeit vom Vereinigten Königreich, so heißt und dass der Staatsname »flammendes Wasser« bedeutet. Eine Hommage an den magischen Moment, wenn die Sonne die Wellen des großen Sees des Landes küsst. Malawi, wer sind deine Helden? Ich schaue in meinem Portemonnaie nach, welche Köpfe das inzwischen bald sechzig Jahre alte Land auf seine Geldscheine gedruckt hat.

Ein Mann, dessen Gesicht von vielen Banknoten der nationalen Währung Malawi-Kwacha zurückblickt, heißt Hastings Kamuzu Banda und war fast dreißig Jahre Staatspräsident. Zunächst Held der Unabhängigkeitsbewegung, entwickelte er sich im Laufe der Jahre immer mehr zu einem exzentrischen Diktator, der Tausende politische Gegner foltern und töten ließ. Westeuropäer und Amerikaner machten trotzdem Geschäfte mit ihm, weil er gegen Kommunisten war. Warum sie so jemanden hier trotzdem bis heute ehren, frage ich mich und reiche die Frage gleich an einen Mann weiter, der neben mir auf einem Plastikstuhl sitzt und Tee trinkt. »Banda hat Malawi die Freiheit gebracht«, sagt er und nippt an seinem Glas. »Viele mochten ihn aber trotzdem nicht.«

Das zweite Gesicht auf den Geldscheinen gehört John Chilembwe, einem Mann, der schon lebte, als Paul Graetz noch durch Afrika fuhr. Wahrscheinlich 1871 geboren, dürfte Chilembwe etwa zwanzig Jahre alt gewesen sein, als seine Heimat britisches Protektorat wurde. Er arbeitete damals als Haushälter für den aus Australien hergereisten englischen Missionar Joseph Booth, der den

KAPITEL 10

Kolonialismus kritisierte und die Parole »Afrika den Afrikanern« predigte. Zusammen reisten die beiden Männer Ende des neunzehnten Jahrhunderts in die Vereinigten Staaten, wo sich Chilembwe zum Baptistenpastor ausbilden ließ und mit amerikanischen Sklavereigegnern in Kontakt kam. Zurück in Njassaland, schrieb Chilembwe dann Geschichte. Als zu Beginn des Ersten Weltkriegs die britische Protektoratsmacht verlangte, dass auch afrikanische Männer gegen die Deutschen in den Krieg ziehen sollten, protestierte er gegen diese Entscheidung. In einem Brief, der am 26. November 1914 in der *Nyasaland Times* veröffentlicht wurde, prangerte er Unterdrückung und Rassismus an. Hier die wichtigsten Passagen in meiner Übersetzung:

> Soweit wir das verstehen, hat man uns eingeladen, unser unschuldiges Blut in diesem Weltkrieg, der nun überall auf der großen Erde im Gange ist, zu vergießen. […] In Zeiten des Friedens ist alles nur für Europäer. Und anstelle von Ehre haben wir Demütigung mit verächtlichen Namen erfahren. Aber in Zeiten des Krieges sollen wir die Mühen teilen und unser Blut gleichberechtigt vergießen. […] Lasst die reichen Männer, die Banker, die adligen Männer, Ladenbesitzer, Farmer und Grundbesitzer in den Krieg ziehen und erschossen werden. Stattdessen werden die armen Afrikaner, die in dieser Welt nichts zu besitzen haben, die nach ihrem Tod nur eine lange Reihe von Witwen und Waisen in äußerster Not und entsetzlicher Verzweiflung zurücklassen, aufgefordert, für eine Sache zu sterben, die nicht ihre ist.

Der Protest wurde zum Aufstand. Chilembwe und seine Mitstreiter köpften einen europäischen Farmer, auf dessen Plantagen afrikanische Arbeiter besonders brutal ausgebeutet wurden. Schließlich wurden die Aufständischen selbst von den britischen Besatzern

MZUZU

getötet. Chilembwe starb Anfang 1915. Noch heute gedenken die Menschen in Malawi jedes Jahr am 15. Januar, dem offiziellen *John Chilembwe Day*, ihres tragischen Nationalhelden. »Ihn mag hier wirklich jeder«, sagt der Teetrinker neben mir.

Zwei Gesichter, zwei Geschichten, dazu eine wilde Fahrt im Windschatten des aktuellen Präsidenten, der zum Glück nicht auf eine wehrlose Minibusmannschaft schießen lässt. Nein, so richtig viel ist es nicht, was ich bisher an Erlebtem und Erlesenem über Malawi zusammengetragen habe, aber für einen ersten Tag doch irgendwie eine ganze Menge. Auf der etwa einstündigen Fahrt im Minibus von Mzuzu ans Seeufer fallen mir die Augen zu. Während mein müder Kopf in elliptischen Bewegungen immer wieder zwischen Fensterscheibe und der Schulter meines Sitznachbarn hin und her schwankt, träume ich seit gefühlten Lichtjahren wieder von Paul Graetz. Weiß gekleidet sitzt er mit Tropenhelm auf dem Kopf am Ufer des tiefblauen Malawisees und blickt aufs Wasser. Ist es nur ein Traum oder sollte er tatsächlich auch hier schon einmal unterwegs gewesen sein? Schon bald werde ich eine Antwort auf diese Frage finden.

Als ich endlich den Küstenort Nkhata Bay erreiche, ist aus dem Abend tiefschwarze Nacht geworden. Aus einem Haus dröhnt laute Musik, ein paar Gestalten huschen umher. Das Licht von fahlen Laternen spiegelt sich in der Oberfläche des Wassers, das wie aus dem Nichts vor mir aufgetaucht ist. »Es ist ein See der Sterne«, soll Livingstone gerufen haben, als er 1859 als erster Europäer das funkelnde Binnenmeer erreichte. Heute verstecken sich Mond und Sterne hinter dichten Wolken, Regentropfen fallen vom Himmel. Eine Steinbrücke, die über einen kleinen Bach in Richtung meiner Unterkunft führt, ist in sich zusammengesackt. »Kaputt, aber hält noch«, sagt ein Junge, der aus der Dunkelheit heraus neben mich getreten ist. Er meint natürlich die Brücke, seine Bemerkung scheint mir aber auch irgendwie auf Malawi zu passen. Vieles hier wirkt so zerbrechlich und doch robust.

Kapitel 11
NKHATA BAY

»Und dann bin ich einfach losgezogen, du verstehst das ja bestimmt.« Die junge Frau strahlt mich an und schüttet sich noch einen Becher Kaffee ein. Das Allerschönste am Alleinreisen ist wahrscheinlich, dass andere Alleinreisende in einem eine Art Verbündeten sehen. Sie hat sich zu mir an den Frühstückstisch gesetzt und erzählt mir mal eben ihre Lebensgeschichte. Warum sie das tut? Ich weiß es nicht, aber ihre Offenheit ist ansteckend.

Sie ist zweiundzwanzig Jahre alt und kommt aus einer Kleinstadt in Vietnam, die früher einmal Kaiser beherbergte, inzwischen aber, so behauptet sie es zumindest, vor allem für eine Sache stehe: Engstirnigkeit. »Ich habe mich gefühlt wie in einem Gefängnis. Ich wollte raus, die Welt sehen, etwas erleben, Menschen kennenlernen.« Sie hat kurze orangefarbene Haare und ein Tattoo auf dem rechten Oberarm. Allein diese zwei Sachen wären für ihre Mutter »schon Grund genug, einen Herzinfarkt zu bekommen«. Ich esse mein Spiegelei, und sie berichtet mir von ihrem Bruder und dessen unglücklicher Ehe. Weil sie selbst andere Werte »als die der klassischen vietnamesischen Familie« lebe, habe sie sich schließlich entschlossen, das Weite zu suchen. Mit einem englischsprachigen Bachelorabschluss in der Tasche sei sie nach Afrika gekommen, wo sie jetzt von Land zu Land reise, um an verschiedenen Orten als »digitale Nomadin für einen global agierenden Start-up-Inkubator« zu arbeiten. Bitte was? »Wow, ich merke gerade, wie alt ich bin«, sage ich. »So alt siehst du gar nicht aus«, entgegnet sie. Flirtet sie mit mir? Vielleicht ein bisschen.

NKHATA BAY

Nachdem wir zu Ende gefrühstückt haben, verabschiede ich mich von ihr und unternehme einen Spaziergang ins Zentrum, wo ich mich nach der Abfahrt der *Ilala* erkundigen will. Nkhata Bay ist ein übersichtlicher Ort. Es gibt einen Gemüsemarkt, ein paar Geschäfte, ein Gefängnis, ein Bestattungsunternehmen namens *Annual Coffin* (Slogan: »Jedes Jahr ein Sarg«) sowie eine Handvoll mehr oder weniger liebevoll gestalteter Hotels, Restaurants und Souvenirläden. Ein Rastalocken tragender Mann namens Kelvin verkauft Holzschnitzereien und Spacekekse an Europäer und Asiaten, die vor seinem Laden entlang durch die Vormittagshitze schlurfen. Seit dem schweigsamen Russen in Dodoma habe ich auf meiner Reise wochenlang keine anderen Nichtafrikaner getroffen, jetzt sehe ich sie auf einmal an jeder Ecke: Instagramaffine Möchtegernaussteiger Beigewesten tragende Entwicklungshelfer, die am Wochenende ihre Monatsgehälter auf den Kopf hauen, und dazwischen ein paar echte Auswanderer, die hier im Osten Afrikas eine neue Heimat gefunden haben. Menschen wie meine Frühstücksbekanntschaft und die zwei dänischen Familien, die das Gästehaus betreiben, in dem ich mich für ein paar Nächte einquartiert habe.

Es ist ein paradiesischer Ort. Der steile Hang runter zum See ist voller alter Bäume, in dem Affenclans ihr Unwesen treiben. Das Süßwasser ist kristallklar und lädt, wenn man keine Angst vor Bilharziose hat, zum Schnorcheln ein. Hin und wieder kommt ein Fischer im Holzboot vorbei und präsentiert seinen Fang. Nein, es seien längst nicht nur Ausländer, die bei ihnen Entspannung suchten, erzählen meine dänischen Gastgeber. Auch immer mehr Leute aus der Hauptstadt Lilongwe, die etwa eine halbe Tagesreise entfernt liegt, würden ihren Urlaub hier verbringen. »Wir setzen auf die malawische Mittelschicht.« Es klingt eher wie ein Wunschtraum als ein Wirtschaftsplan. Gibt es in diesem bitterarmen Land überhaupt so etwas wie eine Mittelschicht?

KAPITEL 11

Warum sie ausgerechnet nach Malawi ausgewandert seien, frage ich die Dänen. »Wir haben uns in diesen Ort verliebt und leben hier unseren afrikanischen Traum«, sagt einer von ihnen und erzählt dann, wie schnell dieser Traum zum Albtraum werden kann. Als sie innerhalb kürzester Zeit gleich mehrere Schicksalsschläge trafen, hätten sie gemerkt, wie schlecht die medizinische Versorgung in Malawi sei. Sie flogen zurück nach Dänemark und kamen erst wieder nach Afrika, als das Schlimmste überstanden war. Eine Lebensplanung, von der normale Menschen in Malawi nur träumen können. Als die Dänen mir ihre Geschichte erzählen, scheint es ihnen durchaus peinlich zu sein, dass sie die Privilegien, die ihnen ihr Pass bietet, auch nutzen. Als ob sie etwas an der Ungerechtigkeit der Welt ändern würden, wenn sie darauf verzichteten. »Wir versuchen hier wirklich etwas Gutes auf die Beine zu stellen«, sagt einer fast schon entschuldigend. Ein »modernes Gästehaus mit Seele« zu schaffen, einen »Ort, in dem lokale Arbeitskräfte gut ausgebildet werden«, darum gehe es ihnen. Und außerdem: Man nehme ja hier niemandem etwas weg. Das Land, auf dem das Hotel steht, sei nur gepachtet. »Das bleibt also alles in malawischem Besitz.«

Was wohl John Chilembwe, der legendäre malawische Freiheitskämpfer gesagt hätte, wenn er Siedler wie diese Dänen kennengelernt hätte? Die Europäer, mit denen er es seinerzeit zu tun hatte, waren aus einem anderen Holz geschnitzt. Sie hatten Hunderttausende Einheimische gewaltsam von ihrem Land vertrieben, damit dort Tabak angebaut werden konnte. Von den riesigen Gewinnen, die damit gemacht wurden, sahen die Arbeiter, die auf den Plantagen schufteten, nichts. Im Gegenteil: Sie konnten sich glücklich schätzen, wenn sie nicht auch noch geschlagen oder auf andere Weise misshandelt wurden, waren sie in den Augen der Kolonialisten doch Menschen zweiter Klasse, die sich gegenüber ihren Herren stets unterwürfig zu verhalten hatten. Ich muss an zahlreiche Stellen im Buch von Paul Graetz denken. Für ihn gab es kaum etwas Schö-

DIE JOSEPH'S METROPOLITAN CATHEDRAL IN DARESSALAM, UM DIE JAHRHUNDERTWENDE WÄHREND DER KOLONIALZEIT VON MITGLIEDERN DER BENEDIKTINERKONGREGATION VON ST. OTTILIEN ERRICHTET.

STATUE DES MANGI MELI

ISARIA MELI

PAUL GRAETZ AUF DEM WEG NACH WESTEN

REGEN UND REGENBOGEN AM KILIMANDSCHARO

CHAUFFEUR HUSSEIN

DIE AZANIA-FRONT-KATHEDRALE IN DARESSALAM

AM INDISCHEN OZEAN

EIN HEKTISCHES PARADIES

MUSIKPRODUZENT SOLOMON MIT NACHWUCHS-RAPPERN

VERKAUFSTALENTE IM MITTELGANG

DIE SKYLINE VON MOROGORO

WINDOWSHOPPING UNTERWEGS

AM BAHNHOF VON DODOMA

IN DER CENTRAL LINE NACH KIGOMA

IN DER CENTRAL LINE NACH KIGOMA

KAPITÄN TITUS

SONNENAUFGANG AM TANGANJIKASEE

»DR. LIVINGSTONE, NEHME ICH AN?«

Die stillgelegte Liemba

ON THE ROAD

IM MINIBUS NACH MZUZU

WEGELAGERER

AM MALAWISEE

SARGVERKÄUFER IN NKHATA BAY

DIE ILALA VOR ANKER

DER AUTOR AN BORD

SCHIFFSBARKEEPER STEVIE

UNTERWEGSHALT

Händlerin in Likoma

LEBENSGEFÜHL IN MALAWI

MÜLLER-FAN IN MOSAMBIK

FRÜHSTÜCK IN DER VILLA HABSBURG

SAMBESI-BLICK INKLUSIVE

BIERPAUSE IRGENDWO IM NIRGENDWO

BLICK VOM RÜCKSITZ

FREIE FAHRT IM MOSAMBIKANISCH-
SAMBISCHEN GRENZGEBIET

MINENBESITZER GREG

SAMBIAS FREIHEITSSTATUE

IM ZENTRUM VON LUSAKA

KÖNIGLICHE FRISUREN

An den Victoriafällen

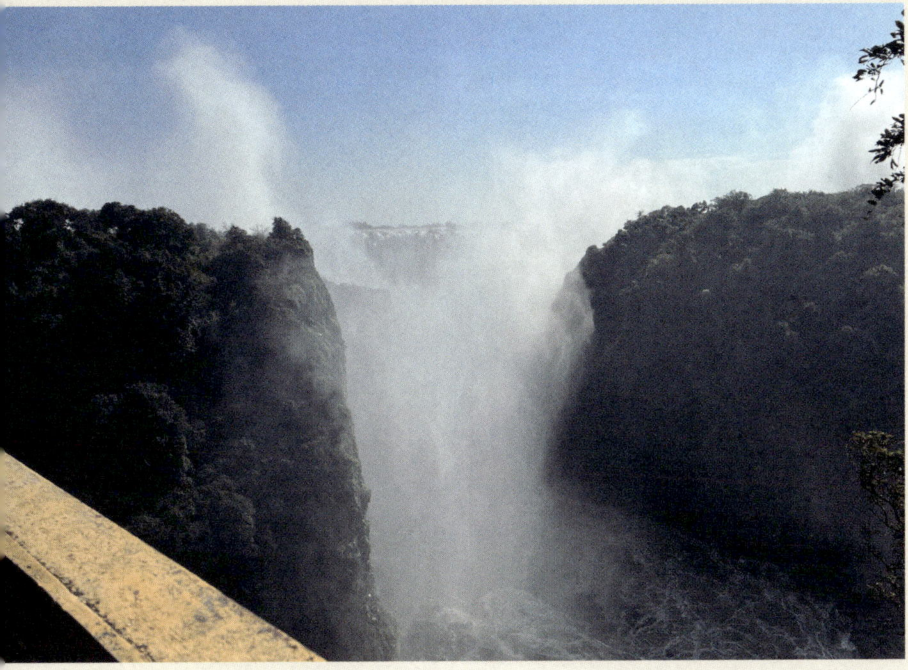

YOU ARE NOW
ENTERING
ZIMBABWE

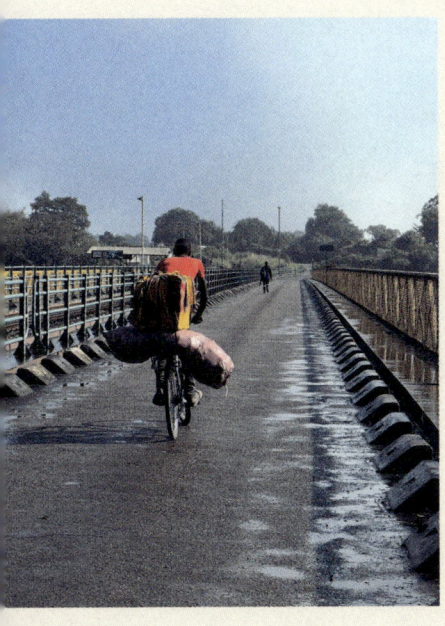

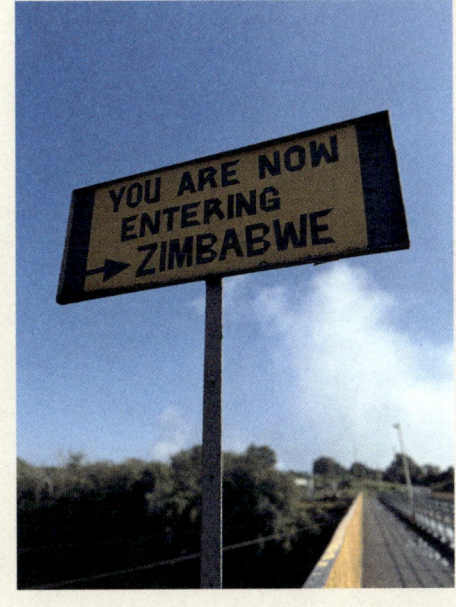

MAMA O

MAMA SARAH

SIMBABWES TRAMPER-RETTENDE ZÖLLNER

GEE AUF DEM CHOBE-FLUSS

Ein Baobab

Im Caprivi-Streifen

VIELE TIERE

KAUM MENSCHEN

LINKS VOR RECHTS

BOTSWANAS WILDER WESTEN

DURCH DIE KALAHARI

KURZ VOR GOBABIS

DAS GENOZID-MAHNMAL IN WINDHOEK

DIE CHRISTUSKIRCHE IN WINDHOEK

SAM NUJOMA VOR CHRISTUSKIRCHE

STADTFÜHRERIN BEATHA

GRAETZ-BIOGRAF CARSTEN MÖHLE

UNTERWEGS INS LAND DER NAMA

GESTERN UND HEUTE

FESTIVALBESUCHERIN IN KEETMANSHOOP

OTTO

DIE HAIFISCHINSEL VOR LÜDERITZ

BLICK AUF DEN ATLANTIK

ELIAH UND HANS

DIE LETZTE KIRCHE DIESER REISE, DIE FELSENKIRCHE IN LÜDERITZ

NKHATA BAY

neres, als von Einheimischen bejubelt zu werden. Je unterwürfiger, desto besser. In britischen Kolonien gefiel es ihm besonders gut. An einer Stelle schreibt er:

> Begeistert war der Abschied, den uns die Bevölkerung von Kasama gab. Die langgezogenen Rufe der Männer und das schrille Getriller der Weiber wollten gar kein Ende nehmen. Am Wege lagen nach der hiesigen Begrüssungssitte die Leute auf dem Rücken und klatschten in die Hände. Während in Deutsch-Ostafrika der arabische Gruß, das Hochheben der rechten Hand, vorherrscht, gehen die Leute auf der englischen Seite des Tanganjika in die Kniebeuge und klatschen in die vorgestreckten Hände. Hier weiter landeinwärts bezeugen die Leute sogar in der Rückenlage dem Europäer ihre Hochachtung.

Ach, Graetz! Ich kann nicht behaupten, dass ich ihn vermisst hätte, seitdem sich in Tansania unsere Wege vorübergehend getrennt haben. Aber haben sich die Wege wirklich getrennt oder bin ich in Wahrheit immer noch auf seinen Pfaden unterwegs? Eine schnelle Recherche bestätigt das, was mir bereits in meinem kurzen Erschöpfungstraum auf der Fahrt dämmerte: Graetz war tatsächlich auch hier am beziehungsweise auf dem Malawisee unterwegs gewesen. Zwar nicht auf seiner Autotour, aber ein paar Jahre später, als er, beflügelt von der Berühmtheit seiner ersten Afrikadurchquerung, noch ein Abenteuer draufsetzen wollte. Was es mit diesem zweiten Abenteuer auf sich hatte? Dazu später mehr. Jetzt muss ich mich zunächst einmal um das Fortkommen meiner eigenen Reise kümmern.

Einen Tag lang bin ich nicht am Fähranleger gewesen. »Komm morgen wieder, dann wissen wir, wann die Ilala kommt.« Das haben

KAPITEL 11

sie mir gestern geraten. Jetzt stehe ich wieder im engen Büro der Reederei und fühle mich an meine Probleme beim Fahrkartenverkauf für mein Eisenbahnabenteuer in Tansania erinnert. »Ich kann dir hier keinen Kabinenplatz nach Monkey Bay verkaufen, mein Freund«, sagt ein ziemlich gestresst wirkender Reedereiangestellter. Er habe schon seit Stunden keinen Kontakt zur Besatzung des Schiffs, wisse also nicht, ob es an Bord überhaupt noch freie Kabinen gebe oder nicht doch schon alle Kojen in den vorangegangenen Häfen belegt worden seien. Auf ihrem Weg von der Nordspitze des Sees bei Chilumba macht die *Ilala* Station in Mlowe, Tcharo, Ruarwe und Usisya, bevor sie Nkhata Bay erreicht. »Wenn es keine Kabine mehr gibt, musst du an Deck schlafen, zweite oder dritte Klasse.« Als ich noch etwas fragen will, scheucht er mich schon wieder weg. »Du siehst ja, was hier los ist.« Nun, immerhin werde ich mit meiner Fahrkarte an Bord kommen.

Schon Stunden vor der geplanten Ankunft des Schiffs ist die Mole voll mit Menschen und ihrem Gepäck. Ist das hier wirklich nur ein See oder nicht doch ein Ozean, an dessen anderem Ende ein verheißungsvolles Land liegt, in das alle diese Menschen auswandern wollen? Auf einmal spüre ich die Magie, von der hier alle sprechen. »Er ist unsere Lebensquelle«, sagt eine Fischverkäuferin. Sie meint den See. »Ich hoffe, dass er uns von Überschwemmungen verschont«, sagt eine andere Frau. Sie meint nicht den See, sondern den »Mann im See«, den Geist des Gewässers. Immer wieder ist in den Gesprächen der Menschen von diesem Fabelwesen die Rede. Wird er da draußen auf den Wellen auch mir gnädig sein? Noch ist Zeit, bevor es auf große Fahrt geht. Meine Frühstücksbekanntschaft und ich haben uns in einem Restaurant in Hafennähe zum Mittagessen verabredet. Es gibt Gemüse und Nsima, einen weißen Klumpen aus zu Mehl gestampftem Mais. Ihr als Vietnamesin schmeckt der nur, wenn sie ihn in unfassbar scharfer Chilisoße ertränkt. Schon beim Zuschauen kommen mir die Tränen.

NKHATA BAY

Mit von der Chilisoße rot verschmiertem Mund und großen Gesten erzählt sie mir mehr von ihrem Job, ihren Ängsten und Träumen. Von Menschen, die sie enttäuscht haben, und Sachen, die sie ausprobieren will. Ich höre zu, erzähle hin und wieder von meinem Leben und denke, dass ich gerne noch einmal so jung wäre wie sie jetzt. Ob ich ihren Namen nennen dürfe, sollte ich ein Buch über diese Reise schreiben? »Besser nicht«, sagt sie. Nicht, dass ihre Mutter »dann wirklich einen Herzinfarkt bekommt«. »In Vietnam wird das Buch wohl kaum gelesen werden«, sage ich. »Trotzdem, sicher ist sicher.«

Eine Umarmung zum Abschied, dann bin ich wieder allein. Am Hafen ist jetzt endgültig die Hölle los. Inzwischen ist die *Ilala* eingetroffen, die nun angeleint am Pier liegt, wie ein müdes Tier, das noch einmal kurz durchschnaufen muss, bevor es wieder auf die Jagd geht. Die Sonne geht unter und rund um die weiß bemalte Reling gehen die Lampen an. Lastenschlepper bahnen sich ihren Weg an Bord, wo es aber bereits so voll ist, dass man kaum einen Fuß vor den anderen setzen kann. Es ist stickig, dazu ein unangenehm intensiver Geruch: Ein paar Ziegen haben es sich in einer Ecke des Unterdecks bequem gemacht.

Auf dem Mitteldeck sieht es nicht anders aus. Ich spüre ein Gefühl der Hilflosigkeit in mir aufsteigen. Soll ich hier die nächsten Tage tatsächlich im Stehen verbringen? Am Vormittag hatte ich mir noch eine dünne Schaumstoffmatratze gekauft, auf der ich es mir, sollte ich keinen Kabinenplatz bekommen, im Notfall gemütlich machen wollte. Jetzt war an ein Ausrollen der Matte nicht mal zu denken. Überall Menschen, Tiere, Kisten, Körbe. Ich kämpfe mich weiter. Durch ein Bullauge blicke ich in die Kombüse und sehe dort einen Mann, der Geldscheine zählt und viele Schlüssel vor sich liegen hat. Das muss der Typ sein, der die Kajüten verschachert. Ja, er könnte mir noch ein Bett bis Monkey Bay anbieten, sagt er, als ich ihn nach einer Kabine frage. »Gehört zwar eigentlich einem

KAPITEL 11

Crewmitglied, aber wenn du ein bisschen mehr bezahlst, machen wir dir die Kabine frei und die Jungs rücken woanders ein bisschen enger zusammen. Dann haben wir alle was davon.«

Er gibt mir einen großen Schlüssel mit großem Holzanhänger, weist mir den Weg und wenig später stehe ich tatsächlich in meiner kleinen, vielleicht zwei Quadratmeter großen Einzelkabine. In den Augen der Passagiere, die dicht gedrängt vor meiner Tür sitzen, ist es der pure Luxus. Ein verrammeltes Fenster, eine Pritsche, ein Wasserhahn, aus dem etwas fauliges Wasser tröpfelt. Bettwäsche gibt es nicht, dafür erstaunlich selbstbewusste Kakerlaken, die sich nicht einmal die Mühe geben, sich in den dunklen Ecken des Raumes zu verstecken. Egal, wir werden uns schon verstehen. Ich bin glücklich, genieße die Privatsphäre. Hier lässt's sich aushalten.

Da sich draußen das Verladen der Waren in die Länge zieht, nutze ich die Zeit vor der Abfahrt, um mich mal wieder mit Paul Graetz und seinen verschiedenen Reisen zu beschäftigen. Die Vorstellung, dass er auch hier auf dem Malawisee umhergereist war, finde ich faszinierend. Habe ich bisher auf meiner Reise nur das Buch über die Afrikadurchquerung per Auto gelesen, wühle ich jetzt aus den untersten Schichten meines Rucksacks zum ersten Mal einen anderen Graetz-Wälzer hervor, den ich schon die ganze Zeit ebenfalls mit mir herumschleppe. Das Buch ist in altdeutscher Schrift gedruckt und handelt von einer Reise, die der Autor in den Jahren 1911 und 1912, also drei bis fünf Jahre nach seinem ersten Trip, unternommen hat. Der Titel – *Mit dem Motorboot quer durch Afrika* – ist so schlicht, wie man es von Graetz kennt.* Schon im Vorwort aber wird wieder ordentlich getrommelt.

---

* Paul Graetz (1912): *Im Motorboot quer durch Afrika*; Neuauflage 1926, Reimer Hobbing Verlag. Berlin.

NKHATA BAY

> Nicht nur um Afrikas Flüsse auf ihre Schiffbarkeit zu erkunden oder neue Wasserwege im schwarzen Erdteil zu entdecken – das hieße der Zeit vorauszueilen, ein verfrühtes Beginnen – oder etwa um meiner ersten Durchquerung Afrikas mit dem Motor in sportlichem Ehrgeiz eine zweite anzureihen, oder aus Tatendrang und Abenteuerlust entsprang mein Plan der Deutschen Motorboot-Expedition durch Afrika. Ein anderes Ziel schwebte mir vor: den Nachweis zu erbringen, daß die Quelle des größten Flusses Afrikas, des Kongo, hart südlich des Tanganjika-Sees, der Chambesi als Kongo-Quellfluss anzusehen ist.

Ich bin beeindruckt. Was Graetz hier vorhatte, stellte die Strapazen seiner Autotour noch einmal deutlich in den Schatten. Um den Kongo und damit auch eines Tages den Atlantik zu erreichen, sollte es von der Mündung des Sambesi in Mosambik stromaufwärts gehen, durch den Shire-Fluss, dann längs durch ebenjenen See, auf dem ich mich gerade befinde. Von Karonga aus, wo ich vor wenigen Tagen beim malawischen Mugabe in den Minibus gestiegen bin, sollte die *Sarotti*, so hieß das acht Meter lange Boot, dann von Dutzenden Helfern mehr als zweihundert Kilometer über Land bis auf die Westseite der afrikanischen Wasserscheide gezogen werden, um den Chambesi (klingt ähnlich wie der Sambesi, ist aber ein anderer Strom) und schließlich den Kongo zu erreichen.

Ich wähle mich ins Internet ein. »Fitzcarraldo ist Fiktion, Graetz war echt«, schreibt Graetz-Biograf Carsten Möhle auf seiner Webseite und verweist darauf, dass auf der zweiten Graetz-Reise durch Afrika nicht nur Texte und Fotos entstanden seien, sondern auch Filmaufnahmen. Und in der Tat: Graetz wurde damals begleitet von Octave Fière, einem französischen Kameramann, der mit einem riesigen Kinematografen die Reise festhalten sollte.

Jahrzehntelang waren die Filmrollen, mit deren Inhalt Graetz auf Vorträgen später viel Geld verdient haben soll, verschollen, bis

KAPITEL 11

Möhle sie 2006 im Keller von Graetz' Tochter Uta in Travemünde fand. »Nur wenige Pilzspuren vorhanden, ansonsten ist die Qualität hervorragend«, notierte der Finder glücklich. Ich muss diesen Carsten unbedingt treffen. Dank ihm kann man sich Fières stumme Schwarz-Weiß-Aufnahmen von damals heute in einem öffentlich zugänglichen Onlinearchiv anschauen.

Was für ein surrealer Moment! Meinen Reisecomputer auf den Knien, sitze ich mitten in Afrika und sehe erstmals Bewegtbilder des Mannes, dem ich seit Wochen durch diesen Kontinent folge. Die Sequenzen sind verwackelt, die Kameraführung gewöhnungsbedürftig, und doch, da ist er: Graetz, immer wieder Graetz. Mal gibt er Anweisungen, mal sitzt er mit der Hand am Ruder am Heck der *Sarotti*, hinter ihm weht die kaiserliche Flagge. Dann Landschaftsaufnahmen, schließlich Dutzende halbnackte Einheimische, die sein Boot mithilfe von Seilen und Baumstämmen durch unwegsames Gelände wuppen. Das Ganze hat tatsächlich etwas von Fitzcarraldo.

Nach einer Weile klappe ich Laptop und Buch zu. Ich trete aus meiner Kabine heraus, winde mich durch das Wirrwarr der Händler und Familien und steige die stählernen Stufen zum Oberdeck hinauf. Hier oben stehen, sitzen und liegen diejenigen, die ein wenig mehr für die Fahrt gezahlt haben. Trotzdem: Jeder kann sich zwischen den Decks hin- und herbewegen, oben ein wenig frische Luft schnappen, wenn es unten allzu stickig wird. Die Fahrscheine werden nur sporadisch kontrolliert. Wie auch in diesem Gewühl von Menschen? Was ich erst auf meinem zweiten Erkundungsgang sehe: Es gibt auch eine Bar an Bord. An einem langen Holztresen stehen Trauben von Reisenden zusammen, gleich dahinter führt eine Tür auf die Kommandobrücke des Schiffes. Wer zur Crew gehört und wer Passagier ist, ist schwer zu durchblicken. Fast alle hier scheinen sich schon ewig zu kennen. »Was möchtest du trinken?«, fragt Barkeeper Stevie und lacht ein breites Lachen mit Zahnlücke. Ich nehme ein lauwarmes Bier, wie alle anderen auch.

NKHATA BAY

»Es ist doch unglaublich, dass hier genau an dieser Theke schon vor siebzig Jahren Menschen getrunken haben und über den gleichen See gefahren sind.« Dieser voller Begeisterung ausgerufene Satz kommt von einem groß gewachsenen Mann, der ein Jackett trägt und sich als Michael vorstellt. Er arbeite als Geschäftsführer bei einem kleinen Radiosender im Süden Malawis und sei auf dem Weg zu einem Weiterbildungsseminar auf der kleinen Insel Likoma, dem nächsten Stopp unseres Schiffes. Als er hört, dass ich Journalist bin, weicht er nicht mehr von meiner Seite. Wir reden über alles, was ihn interessiert, von Bibelversen bis hin zu Fragen der richtigen Kindererziehung. Als kinderloser Atheist gebe ich mein Bestes, hier und da etwas Nützliches zur Diskussion beizutragen.

Fertig machen zum Ablegen. Als das tiefe Nebelhorn ertönt, herrscht für einen kurzen Moment eine fast schon andächtige Stille an Bord. Siebenhundert Meter tief sei der Malawisee an manchen Stellen, es gebe Stürme und jede Menge anderer Gefahren »da draußen«, sagt Barkeeper Stevie mit ernster Miene. Aber keine Angst, »die alte Lady« werde uns schon sicher ans Ziel bringen. Im Jahr 1949 in Schottland gebaut und dann in siebenhundertachtzig Einzelteile verpackt in ihr Einsatzland gebracht, beackert sie den Njassa seit 1951, erst unter britischer, dann unter malawischer Flagge. Unzählige Male ist sie seither repariert worden.

Stevie klopft an die Schiffswand hinter ihm, ein paar Passagiere bekreuzigen sich. Wir heben die Bierpullen. Dann geht es hinaus in die Nacht.

Kapitel 12
LIKOMA

Land in Sicht. Im Dunstlicht des Sonnenaufgangs liegt sie da, die kleine geheimnisvolle Insel Likoma, gleich dahinter die irgendwie bedrohlich wirkende Küste Mosambiks. Dutzende Holzboote kommen uns entgegengefahren, um Waren und Menschen in Empfang zu nehmen. Manche haben einen Außenbordmotor und pendeln mit hohem Tempo zwischen unserem Schiff und dem Anleger hin und her. Die anderen, die auf Muskelkraft setzen, brauchen gefühlte Ewigkeiten. Eine Frau mit einer großen Bananenstaude in der Hand rutscht ins Wasser, wird wieder ins Boot gehievt. Ich stehe an einer der Luken auf dem Unterdeck, verabschiede mich von Michael und den anderen, die uns in Likoma verlassen.

Es ist ein ziemlich langer Abend geworden. Stundenlang haben wir zusammengestanden. Geschichten vom »Mann im See« wurden geraunt und ich erzählte von Paul Graetz und seinen Abenteuern, während sich unser Schiff, die tapfere schottische Lady, durch die für ein Binnenmeer gar nicht mal so kleinen Wellen quälte. Auf Wunsch einzelner Damen legte Barkeeper Stevie irgendwann Musik auf, es wurde getanzt, gesungen und Tom Jones' Evergreen »Delilah« zu »Ilala« umgedichtet, was für alle, die nicht zu schlafen versuchten, ein Riesenspaß war. »*My, my, my, Ilala! / I could see, that girl was no good for me. / But I was lost like a slave that no man could free.*«

Wie lange wir hier vor Anker liegen werden, frage ich den Kapitän. »Ein paar Stunden bestimmt«, sagt er. »Du kannst gerne in Likoma an Land gehen, aber sei früh genug zurück. Wenn wir fahren, fahren wir.«

LIKOMA

Ich gehe das Risiko ein, lasse mich in eines der Holzboote gleiten und stehe ein paar Minuten später am Inselpier. Überall Ankommende und Abfahrende, Willkommensfreude und Abschiedstränen, Verhandlungen und Deals. Zweimal in der Woche liegt die *Ilala* vor Likoma. In diesen wenigen Stunden befindet sich die Insel im Ausnahmezustand. Alles, was es im Kontakt mit der Außenwelt zu regeln gilt, muss jetzt geregelt werden.

Auch wenn nichtafrikanische Besucher auf Likoma keine Sensation sind, erzeugt mein Besuch unerwartete Aufmerksamkeit. Viele Leute fragen mich neugierig, woher ich komme und wie lange ich bleiben wolle. »Nur kurz«, sage ich, spaziere ein wenig durch die Hitze des Vormittags und setze mich schließlich in den Schatten, wo ein Mann gerade ein paar anderen Inselgästen mit großen Gesten etwas erzählt.

»Und dann hat der Baobab einfach den ungezogenen Bruder gegessen, deswegen ist der Stamm so dick.« Keine Frage, Likoma ist auch die Insel der Affenbrotbäume und ihrer Geschichten. »Die Baobabs sind hier zu Hause«, sagt der Geschichtenerzähler, dessen Namen ich mir auch nach mehrmaligem Einflüstern einfach nicht merken kann. Zärtlich streichelt er einen der gewaltigen Stämme, von dem am oberen Ende kleines Geäst in alle Richtungen absteht. Unterm Baobab versammeln sich in Afrika die Dorfältesten, seinen Früchten werden große Kräfte nachgesagt. Warum die Bäume denn eigentlich so seltsam aussähen, frage ich. »Ganz einfach«, antwortet der Experte. »Der Baobab hat den Teufel provoziert. Der hat ihn dann herausgerissen und kopfüber in die Erde gerammt. Deswegen sind die Wurzeln oben.«

Ein paar Ecken weiter stehe ich vor dem Portal von Saint Peter's, einer gewaltigen anglikanischen Kathedrale, die hier, mitten im Nirgendwo des Njassa, auf mich wie ein Raumschiff wirkt. Die kolonialen Erbauer sollen sie der weltberühmten Kathedrale von Winchester, einem der größten Gotteshäuser Großbritanniens,

KAPITEL 12

nachempfunden haben. Der schwere Stein, die kleinen Fenster, durch die das warme Licht Afrikas in staubtanzenden Kegeln ins kühle Innere drängt.

Wie schon so oft auf dieser Reise scheint auch hier einmal mehr alles mit allem zusammenzuhängen. 1911 sei die Kathedrale fertiggestellt worden, höre ich. Ist das nicht genau das Jahr, in dem Paul Graetz auf seiner Bootsreise hier Station machte? Ich habe das Buch dabei und lese. »Vor uns steigt im jungfräulichen Schimmer des Morgens das liebliche Eiland von Likoma aus dem See empor«, schreibt der Reisende von einst und, ja genau, der Anblick der jungen Kathedrale habe Kameramann Fière »verführt«, den »kinematographischen Apparat in Tätigkeit zu setzen«. Es sollten die ersten Filmaufnahmen werden, die je von dieser Kirche gedreht wurden. Wahrscheinlich die ersten, die überhaupt in dieser Weltgegend gemacht worden sind.

Im Schatten des nächsten Baobabs vertiefe ich mich weiter in Graetz' zweite Afrikareise. Wie ging es für ihn von Likoma aus weiter? Gelang es ihm, den Kontinent als erster Mensch nicht nur mit dem Auto, sondern auch mit dem Motorboot zu durchqueren? Anstatt mich noch etwas weiter auf Likoma umzusehen, verschlinge ich so Seite um Seite und lande bald bei den Schilderungen des 3. September 1911. Graetz, Fière und ihre Expeditionsmannschaft waren an diesem Tag am Ufer des Chambesi unterwegs, jenes Flusses, der sie zum Kongo führen sollte, als plötzlich ein zuvor durch einen Schuss verwundeter Büffel angriff. Graetz spürte noch, wie sich ein Horn des Tieres in sein Gesicht bohrte, dann verlor er das Bewusstsein.

Ich erwache blutüberströmt auf dem Uferrand des Chambesi hockend, gestützt von zwei laut heulenden Boys, zu meinen Füßen das Motorboot. Mit Gesten frage ich »Wo ist Fière?« – »Die anderen bringen ihn, er wird auch gleich sterben!« »Und der Büffel?« – »Tot.« – Ein dicker Schwall Blut, Speichel und Schleim fließt fortgesetzt aus meinem Mund und von meiner rechten Gesichtshälfte nieder. Die Jungens heben mich ins Boot. Bei jeder Bewegung stürzt das Blut von neuem hervor.

Graetz erlitt einen Kieferbruch. Zumindest ansatzweise kann ich seine Schmerzen nachempfinden, denn vor Jahren habe ich mir nach einer wilden Partynacht in Rumänien selbst eine solche Verletzung zugezogen. Nachdem mir damals vom Kieferorthopäden mit kleinen Drähten Ober- und Unterkiefer zusammengebunden worden waren, konnte ich drei Wochen lang weder sprechen noch etwas Festes essen. Zugegeben, ein Büffelangriff ist da natürlich noch mal eine ganz andere Geschichte, zumal Graetz im nordrhodesischen Outback auf keinen Kieferorthopäden zurückgreifen konnte und – Zitat: »Die Not lehrt nähen« – die klaffende Wunde selbst versorgen musste.

Während er so schwer verletzt davonkam, hatte Kameramann Octave Fière, der »dreifach gespießt« wurde, weniger Glück. Auf einer Tragebahre wurde der Leichnam ins mehrere Tagesmärsche entfernte Kasama gebracht, den Ort, in dem Graetz auf seiner Autoreise ein paar Jahre zuvor noch die Ovationen der einheimischen Bevölkerung in vollen Zügen genossen hatte. In diesen bittern Stunden fühlte Graetz vor allem mit der Familie seines französischen Freundes:

> Ich sehe im Geiste ein verzweifelndes junges Weib zusammenbrechen unter der Wucht des Schicksals, die drei kleinen Kinderchen an sich pressend in namenlosem Leid. Vater kehrt nimmer wieder – und das furchtbare Gespenst der Armut grinst in die Fenster des kleinen Vorstadthäuschens bei Paris.

KAPITEL 12

Filmaufnahmen von der Expedition gibt es von da an keine mehr. Trotzdem war Graetz entschlossen, das Unternehmen fortzusetzen, über den Banguelo-See und den Fluss Luapula weiter in Richtung Kongo. An den unüberwindbar erscheinenden Mombatatu-Fällen aber war endgültig Schluss. Die zuständigen Behörden verwehrten die Weiterfahrt, zu gefährlich sei die Reise durch das Gebiet der Tsetsefliege. Graetz war frustriert:

> Das letzte Ziel, die Erreichung der Westküste, die Durchquerung des schwarzen Erdteils im Motorboot, soll unerreicht bleiben? Jetzt nach Überwindung der Wasserscheide, der »undurchdringlichen« Luapulasümpfe, jetzt, wo die große Wasserstraße des Kongostromes zu flotter Fahrt ladet? Jetzt wollen mir Felsen, Fälle und Seuchengesetze in den Arm fallen, der den Stamm schon mehr als zur Hälfte gefällt?

Es waren jedoch nicht nur die Seuchengesetze, die Graetz im Weg standen. Auch an der Forderung des Deutschen, weitere lokale Arbeitskräfte für seine Expedition anzuwerben, entzündete sich Streit. Der Gouverneur von Rhodesien lehnte sie mit dem Verweis ab, dass man in der Saatzeit alle »Boys« in der eigenen Landwirtschaft brauche. Eine Reise zu »privatem Zwecke«, was Graetz' Motorbootexpedition ja im Kern war, sei dagegen schlicht nicht wichtig genug. Die belgischen Kolonialherren im Kongo sahen es ähnlich. Nur wenn er bereit gewesen wäre, »schwindelhaft hohe Preise für die Kongoboys« zu bezahlen, hätte es eine Ausnahme gegeben, beschwert sich Graetz. Enttäuscht ließ er das Boot bei einem lokalen Stammesführer zurück, um von Deutschland aus politisch-diplomatischen Druck aufzubauen und eine Weiterreise doch noch zu erzwingen. Zurück in der Heomat, erreichte ihn dann die Nachricht aus Afrika, dass sein Boot gesunken sei. Was für eine Pleite!

LIKOMA

Ja, vor allem das mit den nicht erteilten Genehmigungen muss ihn getroffen haben, denke ich. In seinem Buch über die Autodurchquerung Afrikas habe ich Graetz bis jetzt als überzeugten Europäer kennengelernt, der immer wieder betont, wie freundschaftlich und unterstützend der Umgang unter den Kolonialmächten in Afrika sei. Auf seiner zweiten Reise musste er aber offenbar feststellen, dass sich der Wind gedreht hatte. Der Erste Weltkrieg warf seine Schatten voraus. Voller Verwunderung beschreibt der Deutsche in seinem Buch über die Motorbootreise Gespräche, die er kurz vor dem erzwungenen Ende seiner Reise in den Klubs und Hotels von Élisabethville, dem heutigen Lubumbashi, führte.

Man spricht viel von uns Deutschen, und wie es mir scheint, aus einer gewissen Besorgnis heraus. Es werden Fragen gestellt, wie: Welchen Teil des Kongo wird Deutschland zuerst »nehmen«? Ist es Tatsache, daß man in Deutschland daran denkt, die Kapkolonie zu »nehmen«? Der Kaiser will keinen Krieg? Doch der Kronprinz? In Deutschland ist man nicht zufrieden mit dem französischen Abkommen? Man wollte mehr haben? Welche portugiesischen Kolonien wird Deutschland zuerst »nehmen«? So, als wenn wir nur zuzufassen brauchten, ohne daß jemand dreinzureden hätte.

In der Ferne höre ich die Sirene der *Ilala*. Ich schrecke auf. Wie lange habe ich hier unterm Affenbrotbaum gesessen und gelesen? Würde ich Idiot tatsächlich die Abfahrt meines Schiffes verpassen, während der Großteil meines Gepäcks noch an Bord ist? Ich renne zum Anleger, versuche mich, mit Schreien und Winkzeichen bemerkbar zu machen. »Wartet auf mich«, rufe ich und passe auf, dass ich keinen rudernden, sondern einen motorisierten Zubringer erwische. Am Ende schaffe ich es zum Glück zurück an Bord, bevor

KAPITEL 12

der Anker gelichtet wird. So schön es auch in Likoma ist, ungern wäre ich hier unfreiwillig ein paar Tage länger geblieben.

Auf dem Oberdeck herrscht unterdessen große Unzufriedenheit über die verzögerte Abfahrt. Es dauert ein paar Minuten, bis ich erleichtert feststelle, dass sie nicht mir, sondern einem anderen Zuspätkommer gilt, genauer gesagt, einer Zuspätkommerin. »Das ist einfach sehr unhöflich, dass sie sich so Zeit lässt«, sagt ein älterer Mann und deutet auf ein Boot, das sich in gemächlichem Tempo dem Schiff nähert. Eine einzelne Passagierin sitzt darin, neben ihr ein gewaltiger Koffer. In der Hand ihres ausgestreckten Arms, über dem auch noch eine überdimensionierte Handtasche hängt, hält sie ein Handy, mit dem sie unentwegt Selfies produziert.

»Das ist eine der Freundinnen des Kapitäns«, sagt der Mann neben mir und rollt mit den Augen. »Solange sie nicht an Bord ist, fahren wir nicht los.« Eine richtige Freundin sei sie übrigens nicht, eher eine Frau, die man bezahlen müsse, damit sie einem freundlich gesonnen sei, wenn ich verstünde, was er meine. Ich verstehe und werfe einen Blick hinüber zum Kapitän. Der Mann, der auf mich am Morgen noch so einen pflichtbewussten Eindruck gemacht hat, lehnt mit wackligen Beinen am Tresen. Vor ihm stehen vielleicht fünf leere Bierflaschen, um ihn herum grölen Teile der Mannschaft, wann immer er einen Spruch reißt.

Die Dame vom Zubringerboot hat inzwischen das Oberdeck erreicht. Ich muss an den Kapitän denken, der vor zehn Jahren das Kreuzfahrtschiff *Costa Concordia* vor Italien auf Grund setzte. Schettino hieß er, glaube ich. Hatte der nicht auch irgendeine Geliebte an Bord? Mein Nebenmann an der Reling kennt weder Kapitän Schettino noch die *Costa Concordia*. Er zieht lieber Vergleiche zur *Titanic*. »Wenn wir untergehen, will ich nicht wie Leonardo diCaprio enden«, sagt er und lacht. »Immerhin gibt es im Malawisee keine Eisberge«, erwidere ich. »Im Malawisee gibt es alles«, sagt er.

LIKOMA

Auf der *Ilala* gibt es sogar einen Duschraum, dessen Nutzung nur Crewmitgliedern und Kabinenpassagieren wie mir vorbehalten ist. Ich will gerade das Wasser aufdrehen, als mir aus einem schlecht isolierten Lampenkabel Funken entgegensprühen. Untergegangen ist dieses Schiff noch nie, aber wie viele Menschen sind an Bord wohl schon durch einen Stromschlag ums Leben gekommen?

Wir erreichen unseren nächsten Hafen Nkhotakota mitten in der Nacht. Ich habe, wie es sich für die *Titanic* gehört, die letzten Stunden vor Ankunft auf dem Unterdeck verbracht, inmitten von Marktfrauen aus Likoma, die Berge von getrocknetem Fisch ans Festland bringen. Als die *Ilala* festmacht, wuchten sie sich die Körbe auf die Köpfe und verschwinden. Ernste Gesichter, Schweißperlen, keine Klagen. Wahrscheinlich werden sie umgehend irgendwo ihre Ware ausbreiten und hoffen, dass sich der Aufwand gelohnt hat, sich mal wieder die Nacht auf dem Schiff um die Ohren zu schlagen.

Mir fällt ein, irgendwo gelesen zu haben, dass der Malawisee zu den am stärksten bedrohten Gewässern des Planeten gehört. Das Bevölkerungswachstum in der Gegend ist enorm. Überfischung, Artensterben und Wasserverschmutzung sind die Folgen. Man müsse die lokale Bevölkerung besser über diese Themen »aufklären« und »alternative Einkommensquellen entwickeln«, schreiben Umweltschützer in ihren Hochglanzbroschüren. Ich schaue den Frauen mit den Körben hinterher. Sie sehen nicht so aus, als müssten sie von irgendjemandem aufgeklärt werden. Gäbe es eine Möglichkeit, ihre Familien anders zu ernähren, sie hätten sie bestimmt schon gefunden.

Zum zweiten Mal während meines Aufenthalts an Bord geht die Sonne auf. Ich gehe in den kleinen Salon, an dessen Wänden verblichene Karten und Fahrpläne hängen. Hier kann man sich für ziemlich viel Geld ein Frühstück bestellen. Rührei, baked beans,

KAPITEL 12

Wurst, verbrannte Tomate. Das britische Erbe der *Ilala* ist nicht nur spür-, sondern auch essbar. Am Nachbartisch sitzt der Kapitän. Er sieht jetzt überhaupt nicht mehr verkatert aus und macht auch sonst wieder einen äußerst seriösen Eindruck. Vielleicht habe ich ihm mit dem *Costa-Concordia*-Vergleich gestern unrecht getan. Bis wohin ich fahre, fragt er mich. »Monkey Bay«, antworte ich, »vielleicht steige ich aber auch schon in Senga Bay aus.« »Wie auch immer Sie sich entscheiden, es war eine Ehre, Sie an Bord haben zu dürfen«, sagt er und lächelt. Ich danke ihm vielmals und sage, dass die Ehre ganz meinerseits sei, schließlich sei er in Malawi ja eine ganz besondere Person. »Warum?«, fragt er. »Es gibt in Malawi genau einen großen See, auf dem genau ein großes Schiff fährt, und auf diesem Schiff gibt es genau einen Kapitän.« So habe er das noch gar nicht gesehen, sagt er und freut sich sichtlich. Man sollte den Menschen öfter Komplimente machen, denke ich.

Den Rest des Tages verbringe ich damit, Wolkenformen zu deuten, Wellentäler zu zählen und mehr oder weniger wichtigen Gedanken nachzuhängen. Die Atmosphäre auf der *Ilala*, schwankend zwischen grenzenloser Hektik und völliger Ruhe, nimmt mich vollends gefangen. Ein letztes lauwarmes Bier bei Stevie am Tresen, dann gehe ich in Senga Bay von Bord.

Kapitel 13
TETE

Welches ist das einzige Land der Welt, das eine Kalaschnikow in seiner Flagge zeigt? Noch als ich am Morgen bei einem Countrymusikfan namens Thocco ins Auto gestiegen bin, wusste ich weder die Antwort auf diese Frage noch, in welchem Land meine Reise am Abend enden würde. *»Sing me back home before I die«,* brummte die texanische Bassstimme von Don Williams aus dem CD-Spieler. Das passte zwar so überhaupt nicht zum lebhaften afrikanischen Treiben vor dem Fenster, gefiel uns beiden aber trotzdem.

Wir waren unterwegs im Dreiländereck zwischen Malawi, Sambia und Mosambik. Eigentlich wollte ich auf dem schnellsten Weg rüber nach Sambia, zurück auf »meine« Strecke, also die, die Paul Graetz zwischen 1907 und 1909 mit seinem Auto gefahren war, aber die Lektüre von Graetz' auf so tragische Weise gescheiterte Motorbootreise von 1911/12 hatte mich nun ebenfalls in ihren Bann gezogen. In Mosambik war Graetz damals aufgebrochen und den mächtigen Sambesi hinaufgefahren. Was also, wenn ich da noch kurz vorbeischaue und erst dann endgültig nach Westen abbiege? »Eine gute Idee«, sagt Thocco. Auch Don Williams scheint zuzustimmen. Auf also nach Mosambik, den Staat mit dem Sturmgewehr in der Nationalflagge!

Es dauert Stunden, bis die Stempelmaschine des Grenzbeamten klickt. Das Erste, was ich in Mosambik verspüre, ist ein Gefühl der Sprachlosigkeit. Wird in Tansania und Malawi überwiegend Englisch gesprochen, geht in Mosambik so gut wie nichts ohne Portugiesisch, eine Sprache, die ich nicht beherrsche. Ich versuche

KAPITEL 13

das, was ich auch bei beruflichen Aufenthalten in Portugal und Brasilien immer versuche: ein paar Spanischvokabeln mit lang gezogenen Nuschelendungen versehen und schauen, ob mein Gegenüber irgendetwas versteht. Zugegeben, das klappt auch in Portugal und Brasilien nur selten. In Mosambik leider ebenfalls nicht wirklich.

Ein kleiner Junge im Minibus trägt ein Deutschlandtrikot mit dem Namen »Müller«. »Thomas ist der beste Spieler«, sagt er. Und Deutschland? Das sei das »Land der Träume«, sagt der Vater. Seine Bemerkung weckt meine Neugier. Was weiß er über Deutschland? Ist jemand aus seiner Familie schon mal dort gewesen? Vielleicht früher als Gastarbeiter in der DDR? Gerne würde ich mehr erfahren, aber alle Nachfragen scheitern an der Sprachbarriere zwischen uns.

Zweimal muss ich noch umsteigen, bevor es auf der dicht gedrängten Ladefläche eines Lkws hinein in die Stadt Tete geht. »Rückt mal ein bisschen zusammen«, ruft der Fahrer uns Passagieren zu. Zumindest glaube ich, dass er das ruft. Irgendwann überqueren wir den großen Fluss, der auch Graetz einst schon sehr beeindruckt hat.

Der Sambesi ist stellenweise meilenbreit. Unser schwarzer Steuermann steuert geschickt durch die vielen Sandbänke und seichten Stellen, die sein geübtes Auge am Spiel des Wassers an der Oberfläche erkennt. Wir kreuzen häufig den Strom, bald ist uns das linke, bald das rechte Ufer greifbar nahe.

Am Nordufer des Stromes sitze ich im Garten meines kleinen Bed and Breakfast. Die Unterkunft trägt den überraschenden Namen »Villa Habsburg«, ist eines der schönsten Hotels auf meiner Reise, voller alter Möbel und mit viel Kunst an den Wänden. Die Besitzerin, eine ältere Dame, sei tatsächlich eine echte Habsburgerin, erzählt mir der Manager. Leider sei sie gerade nicht in der Stadt,

TETE

sondern bei ihren Kindern und Enkeln im Süden des Landes. »War denn Österreich auch mal eine Kolonialmacht?«, frage ich abends in gemütlicher Runde und meine das eigentlich als Witz. Umso überraschter bin ich, als ich ein »Ja« als Antwort erhalte. »Mosambik war auch mal österreichisch, aber nur ganz kurz.«

Kaiserin Maria Theresia hatte im achtzehnten Jahrhundert eine Handelskompanie gegründet. Deren Flotte erreichte 1777 die Bucht von Delagoa, wo heute Mosambiks Hauptstadt Maputo liegt. Die Gegend dort war also tatsächlich einmal so etwas wie eine Kolonie der Habsburger, wobei sich ihre Abgesandten bereits 1781 den Portugiesen geschlagen geben mussten. Nach nicht mal einem halben Jahrzehnt endete Österreichs Ära in Afrika, noch bevor sie richtig beginnen konnte. Die Portugiesen, die unter Pedro da Covilhã und Vasco da Gama erstmals bereits Ende des fünfzehnten Jahrhunderts die afrikanische Südostküste erreicht hatten, blieben dort dagegen über Jahrhunderte, auch wenn sie sich erst im zwanzigsten Jahrhundert erfolgreich ins Landesinnere vorkämpften. Im Jahr 1913, kurz nachdem Paul Graetz den Sambesi befuhr, hätte der Fluss eigentlich zur Trennlinie werden sollen: Alles, was nördlich davon lag, sollte Deutsch-Ostafrika zugeschlagen werden, alles, was südlich war, den Briten. So hatten es London und Berlin vereinbart, doch wegen des Ausbruchs des Ersten Weltkriegs kam es nie zur Umsetzung des Vertrags. Die Portugiesen konnten sich so behaupten und herrschten bis 1975 als Kolonialmacht. Erst als die Nelkenrevolution in Lissabon die Diktatur Salazars und Caetanos beendete, wurde auch Mosambik unabhängig.

In dem Roman *Küste des Raunens*, den ich vor langer Zeit gelesen habe, beschreibt die Autorin Lídia Jorge die letzten Jahre der portugiesischen Herrschaft in Mosambik. Es ist die Zeit eines brutalen Kolonialkrieges und der völligen menschlichen Verrohung, gipfelnd im Massaker von Wiriyamu, einem Dorf ganz in der Nähe von dem Ort, an dem ich gerade bin. Weil sich unter ihnen angeblich

KAPITEL 13

Aufständische versteckten, töteten portugiesische Soldaten 1972 dort Hunderte unschuldiger Zivilisten, viele Frauen und Kinder. Was für die Amerikaner der Ort My Lai in Vietnam ist, ist Wiriyamu für die Portugiesen in Mosambik. Fünfzig Jahre sind seitdem vergangen. Ich fahre mit dem Motorrad den Sambesi entlang, will mich in Wiriyamu umsehen, Geschichte spüren, finde aber leider das Dorf nicht. Was ich sehe, sind überraschend viele Menschen, denen ein Bein fehlt. 2015 wurde Mosambik offiziell für minenfrei erklärt, die Opfer aber sind immer noch da. Nach der Unabhängigkeit hatten die Armeen der Bürgerkriegsparteien Millionen von Sprengkörpern in Mosambik vergraben. Die, die noch nicht explodiert waren, mussten nach dem Friedensabkommen von Rom im Jahr 1992 mühsam wieder ausgebuddelt und entschärft werden.

Ich fahre durch Dörfer, in denen rote Flaggen wehen. Die Befreiungsfront FRELIMO, die erst gegen die Portugiesen und später gegen unter anderem vom südafrikanischen Apartheidregime unterstützte Landsleute kämpfte, ist heute Regierungspartei. Im Norden des Landes ist vor ein paar Jahren ein neuer Krieg entbrannt. Es geht gegen radikale Islamisten, die es unter anderem auf die Gasvorkommen vor der Küste abgesehen haben. Gibt es Hoffnung auf eine bessere Zukunft? Nicht wirklich. Mosambik ist nicht nur eines der ärmsten Länder der Welt. Zu allem Überfluss gehört es auch zu den am stärksten von den Kräften des Klimawandels betroffenen Gebieten weltweit. Erst wenige Wochen vor meiner Reise haben gleich zwei Zyklone die Provinz hier schwer getroffen.

»Nach der Flut kommt die Dürre und nach der Dürre gleich wieder die nächste Überschwemmung«, sagt ein Mann, der mir die Haare schneidet. Eigentlich sei er Bauer, aber das Friseurhandwerk sei krisenfester als sein alter Beruf, erklärt er mir in erstaunlich gutem Englisch. Als ich ihm von Paul Graetz berichte, ist er der erste Mensch auf meiner Reise, der von ihm schon einmal gehört haben will. »Ja, auch hier kam dieser Graetz schon durch«, sagt er

TETE

und nickt in Richtung Sambesi. Abends im Bett lese ich das noch mal nach. Nein, Graetz ist niemals durch die Provinz Tete gereist. Bereits dreihundert Flusskilometer südlich ist er in den Shire nach Norden abgebogen. So kann man sich irren.

Apropos abbiegen. So sehr ich die Zeit in Tete auch genieße, mein Aufenthalt in Mosambik wird auf dieser Reise nur ein kurzer Abstecher bleiben. Mit Blick auf die große Afrikakarte, die ich seit Beginn meines Trips mit mir herumtrage, stelle ich fest, dass ich, obwohl ich schon so lange unterwegs bin, noch immer ziemlich weit im Osten des Kontinents herumkrebse. Es wird Zeit, endlich einmal ein paar Meilen westwärts zu machen. Zurück auf die ursprüngliche Graetz-Autoroute, das ist das Ziel. Dafür muss ich irgendwie nach Sambia kommen, in die Stadt Katete. Von dort aus müsste man gut weiter in Richtung Lusaka reisen können.

Klingt nach einem Plan. Was aber nützt der schönste Plan, wenn die Realität etwas dagegen hat? Am Busbahnhof von Tete ernte ich ein entschiedenes Kopfschütteln, als ich mich nach den Reisemöglichkeiten zur sambischen Grenze erkundige. »Mit uns kommst du da nicht hin«, sagt einer der Minibusbetreiber. Wer von Tete nach Sambia wolle, fahre besser über Simbabwe oder Malawi. Der Weg zum Grenzübergang bei Katete mache für sie dagegen keinen Sinn, da die Straße zu schlecht sei. Außerdem würden auf dem Weg viel zu wenig Dörfer liegen, um unterwegs Leute ein- oder aussteigen zu lassen. »Das ist kein gutes Geschäft für uns.« Ich verstehe ihn, doch das hilft mir in meiner Lage nicht weiter. Ohne aktuellen Coronatest kann ich nicht zurück nach Malawi und die Tour über Simbabwe ist für mich leider auch nicht möglich, da deutsche Staatsbürger nur an ausgesuchten Grenzübergängen ein simbabwisches Visum beantragen können. Die Landesgrenze zu Mosambik gehört nach meinen Recherchen leider nicht dazu.

Was für eine Enttäuschung! So muss sich Graetz gefühlt haben, als sie ihm bei Lumumbashi die Weiterreise mit dem Motorboot

KAPITEL 13

verweigerten. Um seine Mission nicht scheitern zu lassen, war er nach seiner Zwangspause in Deutschland ein paar Monate später wieder in den Kongo gereist, um mit einem anderen Boot flussaufwärts genau bis zu der Stelle zu fahren, wo er die *Sarotti* einst hatte zurücklassen müssen. Damit hatte er sein Ziel, Afrika auf dem Wasserweg zu durchqueren, 1912 doch noch erreicht, wenn auch in zwei unterschiedlichen Reisen in zwei verschiedenen Richtungen.

Und ich? Mein Vorhaben, den afrikanischen Kontinent auf dem Landweg und mit öffentlichen Verkehrsmitteln zu durchqueren, droht in diesem Moment zu scheitern. Klar, ich könnte nach Lusaka fliegen und von dort aus weiterfahren, aber das wäre ja dann gemogelt. Schon 2010, als ich über Land von Ägypten nach Südafrika gereist bin, habe ich auf einer Etappe in Äthiopien zerknirscht einen Flug nehmen müssen, weil mir nichts anderes übrig blieb. Das soll mir jetzt bitte nicht noch einmal passieren! Sehe ich die ganze Sache zu verbissen? Wahrscheinlich. Überhöhe ich die eigene Mission? Bestimmt. Und trotzdem: Ich will mich nicht geschlagen geben und blicke noch mal auf die Karte. Knapp dreihundert Kilometer sind es bis zum Grenzübergang nach Sambia.

»Was ist, wenn ich einfach den ganzen Bus miete?« Ein Mann, der mir beim Übersetzen hilft, runzelt die Stirn. »Meinst du das ernst?«, fragt er mich. Die Idee ist gar nicht so schlecht, finde ich. Wenn der Minibusboss das wirtschaftliche Risiko, das mit einer möglicherweise wenig nachgefragten Fahrt an die Grenze verbunden ist, nicht selbst tragen will, kann ich das ja für ihn übernehmen und komme dafür an mein Ziel. »Eine klassische Win-win-Situation, oder?«

Wir einigen uns nach einigem Feilschen am Ende auf zweihundert US-Dollar, die ich dem Besitzer des Vans bar in die Hand drücke. Für die Fahrt bis zur Grenze werde ich sein Minibus-Subunternehmer, kann entscheiden, wen und wie viele Menschen wir

TETE

mitnehmen und wie lange wir irgendwo warten. Alles Geld, das wir unterwegs einnehmen, geht an mich. Der Fahrer, ein junger Mann mit Hip-Hop-Klamotten, scheint sich zu freuen, dass ich für ein paar Stunden sein neuer Chef bin, macht aber insgesamt einen eher gelangweilten Eindruck. Ich mag ihn nicht. Zeit für ein Graetz-Zitat: »Der Mensch denkt, der Chauffeur lenkt.«

Meinen ersten Kunden habe ich schnell gefunden. Walter, der Mann, der für mich übersetzt hat, entpuppt sich als Arzt, der in einer Polioimpfstation etwa fünfzig Kilometer nördlich von Tete gebraucht wird. Das liegt auf unserer Route. Er freut sich über die Mitfahrgelegenheit und will mir ein paar Hundert Metical, so heißt die mosambikanische Währung, in die Hand drücken. Ich lehne dankend ab, was Walter freut, bei meinem Fahrer aber für Verwunderung sorgt. Sei's drum. Ich bin hier der Boss und entscheide, dass wir jetzt den Busbahnhof verlassen.

Ein Neunsitzer, der mit nur drei Menschen an Bord seine Fahrt beginnt? Das dürfte es hier schon lange nicht mehr gegeben haben. Lehmhütten am Wegesrand, hin und wieder ein Abzweig. Die Fahrt durch den leeren Norden Mosambiks wird zu einem Highlight meiner Reise. Es sind tatsächlich nicht viele Dörfer, durch die wir kommen, aber ab und zu steht jemand am Rand, der mitgenommen werden will. Weil mir fast alle meiner Kunden auf Anhieb sympathisch sind, verzichte ich fast immer darauf, Geld zu nehmen. Dafür genieße ich den Dialog, der sich, so oder so ähnlich, jedes Mal aufs Neue entspannt.

Passagier/Passagierin: »Toll, dass hier mal ein Bus vorbeikommt. Ich muss dringend nach [*hier beliebigen Ort auf der Strecke von Tete bis zur sambischen Grenze einfügen*]. Was kostet das denn?«
Minibusfahrer: »Das musst du Simon fragen. Er kommt aus Deutschland und ist hier heute so etwas wie der Chef.«

KAPITEL 13

Ich (in schlecht verständlichem Pseudoportugiesisch): »Wissen Sie was, für Sie kostet die Fahrt heute nichts. Willkommen an Bord.«

Passagier/Passagierin: »Ach, das ist ja großartig, vielen Dank. Kann ich Ihnen denn zumindest einen Happen von meinem selbst gemachten [*hier beliebiges selbst gemachtes Gericht der Region einfügen*] anbieten?«

Ich (in schlecht verständlichem Pseudoportugiesisch): »Das ist nicht nötig, aber ich probiere natürlich gerne mal.«

So geht es mit zunehmend vollem Bauch und bester Stimmung an Bord über holprige Straßen, bis uns irgendwann zwei Polizisten anhalten. Neben ihnen liegt ein Motorrad, im Gras sitzen zwei Männer, denen mit Seilen die Arme hinter dem Rücken gefesselt sind. Unser Fahrer spricht mit den Polizisten, es geht hektisch zu. Ich verstehe kein Wort, aber anscheinend werden wir von den Beamten gebeten, die beiden gefesselten Männer mitzunehmen. »Ist das okay?«, fragt einer der Beamten in bestimmendem Ton. »Wir haben ja keine Wahl«, murmele ich leise zurück.

So haben wir kurz darauf zwei Passagiere mehr an Bord und mein Fahrer versucht mir in einer Mischung aus Englisch und Portugiesisch die ganze Sache zu erklären. Die beiden Männer seien Diebe, die Polizei habe sie bei einem Einbruch erwischt. Weil die Beamten aber zu zweit auf einem Motorrad unterwegs waren, hätten sie keine Möglichkeit gehabt, die Kriminellen ins Gefängnis zu bringen. Den Part sollen wir jetzt übernehmen, wobei uns die Polizisten auf ihrem Motorrad vorausfahren, um uns den Weg zu weisen. Ich versuche mit den Gefesselten ins Gespräch zu kommen, gebe aber bald auf. Die beiden machen zwar keinen sonderlich betrübten Eindruck, nach Small Talk scheint ihnen verständlicherweise aber trotzdem nicht zumute zu sein. In einer Siedlung kurz vor der sambischen Grenze halten wir auf Befehl

TETE

an. Ob die kleine Hütte, an der wir die zwei Männer absetzen, wirklich ein Gefängnis ist, weiß ich nicht, ich bin aber froh, dass wir unseren Auftrag erfüllt haben.
Nur ein paar Tage habe ich in Mosambik verbracht. Hätte mir bei meiner Einreise jemand gesagt, dass ich am Ende meines Aufenthalts nicht nur ein mehr oder weniger erfolgreicher Kurzzeitpächter eines Minibusses sein würde, sondern auch unfreiwilliger Betreiber eines Gefangenentransporters, ich hätte ihn wahrscheinlich für verrückt erklärt.
Oder auch nicht.

LUSAKA

Es ist fast schon poetisch, wie Paul Graetz die Baumfällarbeiten seiner lokalen Helfer beschreibt, die ihm und seinem Auto eine Behelfsbrücke nach der anderen bauten:

> Die Nebel der Nacht lagen noch über dem Fluss, als die ersten Axthiebe der Avembas wie Peitschenknallen durch die nasskalte Morgenluft drangen. Mit beiden Fäusten das kurzschaftige Beil gefasst, liessen sie das scharfe Eisen immer und immer wieder in das harte Holz sausen, mit tödlicher Sicherheit haarscharf immer dieselbe Stelle treffend und vertiefend.

Wie ich heute, so ist auch er einst hier der untergehenden Sonne hinterhergefahren und durch ein Land gereist, das damals noch den Namen Rhodesien trug, sich später Nordrhodesien nannte und inzwischen seit fast sechzig Jahren Sambia heißt. Ich sitze in einem großen Reisebus mit Ziel Lusaka. Zu Graetz' Zeiten war die Stadt nicht mehr als eine gerade gegründete Kleinstsiedlung entlang einer Eisenbahnstrecke, die die Victoriafälle im Süden mit den Kupferminen des Nordens verbinden sollte. Heute ist Lusaka nicht nur Sambias Hauptstadt, sondern auch eine pulsierende Millionenmetropole.

Ich strecke meine Beine unter den Sitz vor mir und versuche mich zu entspannen. Nach meiner abenteuerlichen Fahrt zur Grenze ist es auf sambischer Seite ziemlich nervenaufreibend weitergegangen. Korrupte Zöllner haben mir das Leben schwer gemacht. Erst als ich damit drohte, zu Fuß zurück nach Mosambik zu gehen – zugegeben,

LUSAKA

ein Bluff –, ließen sie von ihren unverschämten Geldforderungen ab und öffneten den Schlagbaum. Zusammen mit einem völlig verloren wirkenden somalischen Geschäftsmann teilte ich mir das Sammeltaxi nach Katete, wo wir in einer schmucklosen Pension neben einer grün gestrichenen Moschee übernachteten.

Der Ruf zum Gebet riss uns aus dem Schlaf. Muslime sind in Sambia nur eine kleine Minderheit, über neunzig Prozent der Einwohner sind Christen. Der allgegenwärtige Livingstone war einst einer der ersten Missionare, die die Menschen hier im neunzehnten Jahrhundert von ihrer Religion zu überzeugen versuchten. Offenbar waren sie ziemlich erfolgreich. Verlief die Christianisierung Hand in Hand mit der Kolonialisierung? Es so verkürzt darzustellen, wäre sicherlich falsch. Oft waren es unter den Kolonialisten ja gerade die Geistlichen und Gläubigen, die sich Ausbeutung und Rassismus entgegenstellten, manchmal sogar dem Kolonialismus als Ganzem.

Was findet sich dazu im Reisebericht von Paul Graetz? Vor allem an einer Stelle kann man sehen, wie kritisch der frühere Schutztruppensoldat das Schaffen von Missionaren beäugte. In Chilonga, wo er auf dem Gelände eines Klosters des Ordens der Weißen Väter übernachtete (der Ordensname rührt nicht von der Hautfarbe ihrer Mitglieder, sondern von der Farbe ihrer Gewänder), verfolgte er am Palmsonntag einen Gottesdienst, den einer der europäischen Patres abhielt. Als er die knienden Afrikaner im Kirchenschiff sah, konnte er Häme und Missgunst kaum verbergen:

> Jeder der Christen, den Rosenkranz um den Hals tragend, kam mit frommem Gebaren an die Brüstung des Altargeländers und empfing den geweihten Palmzweig aus der Hand des Priesters, die er voll Ehrfurcht und Andacht küsste. Schliesslich wurde noch vier reuigen schwarzen Sündern das heilige Abendmahl gereicht. Sie mussten vorher gebeichtet haben. Ob wohl der Schwarze, dem das Lügen zur zweiten

KAPITEL 14

Natur geworden, im Beichtstuhl sich so vergessen kann, dass er ein wahres Bekenntnis seiner Sünden ablegt?

Vermeintlicher Herrenmensch schreibt über vermeintliche Untermenschen. Ein klassischer Graetz. Als kurz vor der Abreise aus Chilonga Proviant und Autoteile fehlten, brach es regelrecht aus ihm heraus. »Nirgends« werde »so unverschämt gelogen« wie unter der Bevölkerung von »sogenannten schwarzen Christen«. Nur weil man den gastgebenden Ordensbrüdern nicht »den Glauben an ihre bekehrten Lämmer« nehmen wolle, habe er sich dagegen entschieden, den Diebstahl zu melden. Trotzdem: Eine Religion, welche die »vollkommene Gleichstellung aller Menschen« lehre, sei falsch, so Graetz. Für ihn dagegen sei allein »der Respekt vor der weissen Rasse« das Wichtigste.

Ich lasse das Buch sinken und bin einmal mehr erschöpft. Wie war das noch mal mit dem »Kind seiner Zeit«? Konnte Graetz wirklich nicht anders, als so zu denken, wie er dachte? Wie werden eigentlich die Menschen eines Tages auf meine Generation zurückblicken? Bei welchen Sachen werden sie mit Blick auf uns ein mitleidig-verächtliches »War halt auch nur ein Kind seiner Zeit« seufzen? Die Vorstellung, dass in gut einhundert Jahren vielleicht sogar irgendjemand »auf den Spuren von Simon Riesche« durch Afrika fahren und darüber schreiben könnte, erscheint mir reichlich bizarr.

Genug damit. Um mich von meinen ausufernden Selbstgesprächskaskaden abzulenken, sehe ich nach, was auf dem halb kaputten Bordfernseher unseres Busses läuft. Eine Schnulzensängerin singt irgendetwas über Jesus. Meine Sitznachbarin fragt, ob ich auch Christ sei. »Nicht wirklich«, sage ich. Sie lächelt und sagt, dass es trotzdem ganz wichtig sei, »den Herrn in sein Herz zu lassen«. Ich weiß nicht, was ich darauf antworten soll, und ahne, wie sich die Menschen hier früher gefühlt haben müssen, als Livingstone, Weiße Väter und Co. durch die Gegend zogen.

LUSAKA

Ankunft in Lusaka. Kulturschock. Seit Daressalam bin ich in keiner richtigen Großstadt mehr gewesen. Das Tempo, das Angebot, die Vielfalt. Überfordert laufe ich durch die vollen Straßen, schiebe mich durch den Markt hinter dem Busbahnhof, überquere vermüllte Bahngleise, sehe geputzte Glasfassaden und Klebstoff schnüffelnde Straßenkinder. Irgendwann stehe ich vor einem Denkmal, das einen Mann zeigt, der über seinem Kopf eine gewaltige Kette zerreißt. »Gewidmet den Freiheitskämpfern« steht darunter. Ist es nur ein Motiv oder zeigt die Statue eine historische Figur? Im Internet finde ich ein paar Artikel sambischer Medien, die mir Antworten auf meine Fragen geben.

Den Mann auf dem Sockel hat es tatsächlich gegeben. Er hieß Zanco Mpundu Mutembo und wurde 1936 in Abercorn geboren, der Stadt, in der Paul Graetz einst bei Kolonialmagistrat Leyer untergekommen war. Mutembo war einer der Köpfe der sambischen Unabhängigkeitsbewegung. In den frühen Sechzigern überbrachte er einen Protestbrief des späteren sambischen Präsidenten Kenneth Kaunda an Arthur Benson, den britischen Gouverneur von Nordrhodesien. Im Zentrum von Lusaka kletterte er später auf einen Baum, um von dort laut gegen die diskriminierende Verfassung Nordrhodesiens zu demonstrieren. Mehrmals wurde er gefoltert, verhaftet und eingesperrt. Bei einem Verhör mit der Kolonialpolizei soll er schließlich vor die zynische Wahl gestellt worden sein, entweder die Ketten, mit denen er gefesselt war, zu zerreißen oder erschossen zu werden. In einem Moment, der laut sambischen Geschichtsschreibern wohl auch etwas mit Zauberkräften zu tun hatte, habe Mutembo es dann tatsächlich geschafft, die Ketten zu zerreißen. Dieser Augenblick, ob nun wirklich so geschehen oder nicht, wurde zum Symbol der Niederlage der britischen Kolonialherrschaft.

Was aber wurde aus Mutembo? Wie ich lese, starb er im Frühjahr 2021 an Prostatakrebs. Glaubt man einem Bericht der *Lusaka Times*, dann soll er über wenige Kontakte zur Elite des Landes verfügt und

KAPITEL 14

ein Leben in Armut geführt haben. Zuletzt soll er gar völlig mittellos gewesen sein. »Ich leide, gehe zu Fuß, habe nicht genug zu essen«, wird er 2018 zitiert. Dass der Mann, dessen magischer Moment der Kettensprengung sogar auf Sambias Geldscheinen abgebildet sei, selbst nicht genug Geld habe, um sich und seine Familie zu ernähren, sei eine »Schande« für Sambia, schreibt ein Journalist. »Frei, um in Armut zu verrotten«, lautet die Überschrift des Artikels.

Mit der Freiheit sei das ja eh so eine Sache, sagt Taxifahrer Shadrick, der mich durch Lusakas Rushhour fährt. Der europäischen Fremdherrscher habe man sich vor sechzig Jahren mehr oder weniger erfolgreich entledigt, doch dann habe man den Fehler gemacht, gleich wieder in die nächste Abhängigkeit zu schlittern. Er schaut aus dem Fenster und zeigt auf ein Gebäude, an dem in riesengroßen Lettern *Bank of China* steht. »Eigentlich sind wir hier doch längst eine chinesische Kolonie.«

Nicht nur er sieht das so. Immer wieder ist es in den letzten Jahren in Sambia zu wütenden Protesten gegen angebliche »Neokolonialisten« aus Fernost gekommen. Die vielen Milliarden Dollar Schulden, die Sambia jetzt schon in China angehäuft hat und nicht mehr bezahlen kann. Die vielen Chinesen im Land, denen immer mehr gehört und die in ihren Restaurants und Clubs abends stets unter sich bleiben wollen. Die vielen Großprojekte, die auf frisches Geld aus China angewiesen sind. Die vielen Baustellen, auf denen chinesische Staatskonzerne das Sagen haben. Die Rohstoffe im Boden, die China an sich reißt. All das macht vielen Menschen in Sambia Angst. »Der letzte Präsident war eine Marionette der Chinesen«, erklärt Shadrick. Im Sommer 2021 hätten die Menschen diesen daher aus dem Amt gewählt. Ob der neue Präsident es besser mache, müsse sich erst noch zeigen. »Immerhin haben uns die Chinesen überhaupt noch wählen lassen. In ihrem eigenen Land dürfen die Menschen das ja nicht.« Zitiere niemals den Taxifahrer, lautet eine goldene Regel unter Journalisten. Shadrick aber

LUSAKA

kommentiert so pointiert, dass er eine Ausnahme von dieser Regel verdient hat, finde ich.

Ich lasse mich in der Nähe meiner Unterkunft absetzen und laufe die Cairo Road entlang. Geschäftsleute mit leeren Gesichtern, ein Straßenverkäufer, der Handtücher und Pullover anbietet, ein altes Hotel, das hier laut Inschrift über dem Eingang bereits 1914 gestanden haben soll. Unter den Bäumen vor dem Hauptpostamt sitzen ein paar Schulkinder. Auf einem dieser Bäume soll Zanco Mpundu Mutembo einst gegen die Besatzer seines Landes angeschrien haben. Welcher Baum es genau war? Keine Ahnung. Ich merke, wie ich und meine Gedanken wieder einmal in einen Strudel gezogen werden. Die Themen der Gegenwart vermischen sich mit den Geschichten der Vergangenheit. War es den fremden Mächten früher nicht um die gleichen Dinge gegangen wie heute? In dem Buch von Graetz über seine Reise mit dem Auto finde ich eine interessante Passage, in der er die Entstehung der Siedlung Brokenhill, etwa einhundert Kilometer nördlich von Lusaka, beschreibt. Bergbauspezialisten seien dort im Jahr 1901 auf der Suche nach alten Kupferlöchern unterwegs gewesen. Bei einer Erkundungsrunde aber habe einer dann noch viel mehr gefunden:

> Auf diesem Gang traf er auf einen niedrigen wildzerrissenen Steinhügel, der unvermittelt aus dem flachen Lande hochstieg. Er entdeckte an der Oberfläche desselben ein schweres grauglänzendes Metall, ein Gemisch von Zink und Blei. Als er von dem Hügel aus Umschau hielt, erspähte er noch zwei weitere gleichgroße Hügel und einen vierten kleineren. Die Untersuchung derselben ergab denselben Metallreichtum.

Es handelte sich um Erzadern im Boden, die rückblickend für viele Menschen mehr Fluch als Segen waren. Brokenhill heißt seit 1964 Kabwe. Die gebrochenen Hügel der Stadt haben den meisten

KAPITEL 14

Bewohnern keinen Reichtum beschert, im Gegenteil. Die Gesundheit vieler Menschen ist ruiniert, Kinder haben viel zu viel Blei im Blut. Internationale Experten zählten Kabwe jahrelang zu den »am stärksten verseuchten Orten weltweit«.

Mein Telefon klingelt, da ist er, der erhoffte Rückruf. In den letzten Tagen habe ich mehrmals versucht, einen Mann zu erreichen, den ich im Flugzeug nach Tansania kennengelernt habe. Wie es das Schicksal wollte, bekam ich an jenem Tag von der Fluggesellschaft ein Upgrade und landete so in der Businessclass. Ein großer Kerl namens Greg saß neben mir, mit dicker goldener Uhr am Handgelenk und einem Glas Champagner in der Hand. »Mir gehören mehrere Minen in Sambia und im Kongo«, meinte er zu mir. »Wenn du mal in Lusaka bist, meld' dich gerne.«

Wir treffen uns in einem Restaurant in einem östlichen Vorort. Es ist eine feine Gegend, große Autos, Elektrozäune um die Gärten. Ich warte ein paar Minuten an einem Stehtisch, dann kommen sie. Greg trägt ein teures Poloshirt der Marke Moncler. Begleitet wird er von einem leicht diabolisch dreinblickenden Typen. Greg stellt ihn als seinen Cousin und Geschäftspartner vor, dann kommen beide gleich zur Sache: »Möchtest du Diamanten kaufen? Wir können dir einen guten Preis machen.« Die Steine befänden sich »ganz in der Nähe« und seien wirklich »gutes Zeug«.

Die nächsten Minuten verbringe ich damit, wortreich zu erklären, dass ich gar nicht so reich bin, wie sie vielleicht denken. Offenbar hat die Tatsache, dass wir uns in der Businessclass kennengelernt haben, falsche Erwartungen geweckt. »Kein Problem«, sagt Greg und lacht kurz. Sonderlich enttäuscht über den geplatzten Deal wirkt er nicht, dafür aber auf einmal ziemlich misstrauisch. Warum ich ihn denn überhaupt habe treffen wollen, wenn ich gar nichts kaufen wolle. Sei ich am Ende gar ein internationaler Ermittler? Ich verkneife mir die Rückfrage, ob er denn etwas zu verbergen habe, und erzähle ihm stattdessen lieber von meiner Reise. »Wenn

LUSAKA

ich neue Orte und Menschen kennenlerne, interessiert mich erst mal immer alles«, sage ich wahrheitsgemäß. Außerdem sei Sambia ja nun wirklich ein Ort der Bodenschätze. Was liege da also näher, als sich mit einem reichen Minenbesitzer zu treffen. Wieder lacht Greg, dieses Mal lauter und länger. Er nimmt seine goldumrandete Brille ab. »Also gut, was willst du wissen?«

Ich bitte ihn, mir von seinen Geschäften zu erzählen, und erfahre, dass seine Firma vor allem »drüben im Kongo« aktiv sei, wobei jedoch fast jeder Export in die Welt über Sambia abgewickelt werde. »Gold, Kobalt, Kupferkonzentrat, Elektrolytkupfer, Diamanten, ich verkaufe alles.« Wie denn die Arbeitsbedingungen in den Minen seien, frage ich. »Wir behandeln unsere Leute gut, aber wenn einer was klaut, bereut er das schnell. Wir haben da unsere Methoden.« Greg blickt mich an, blinzelt sekundenlang kein einziges Mal. Auch der Cousin fixiert mich finster. Mit wem habe ich es hier eigentlich zu tun?

Nach etwas Small Talk entkrampft sich die Stimmung wieder. Was er denn über den chinesischen Einfluss in Sambia denke, frage ich. Er habe »vor allem Kunden in Indien«, sagt Greg, verstehe sich aber auch mit den Chinesen gut. Und doch: Man dürfe denen gegenüber niemals blauäugig sein. »China will die Welt beherrschen und wir müssen uns dagegen wehren.« Donald Trump habe das verstanden. »Donald Trump?« Wie komme er denn jetzt auf den, frage ich ehrlich überrascht. »Ich bewundere keinen Menschen so sehr wie Trump«, sagt Greg. »Okay, vielleicht Jesus noch mehr als Trump.«

Übrigens, so Greg weiter: In Sambia seien nicht »die Chinesen, die Engländer oder welche Ausländer auch immer« das Problem, sondern »einzig unsere eigenen korrupten Politiker«. Wie Trump schimpft er jetzt über »das Establishment«. Man müsse sich das einmal vorstellen: »Unser Land ist reich, aber den Leuten geht es schlecht.« Er und seine Firma würden täglich Waren im Wert von Millionen von Dollar bewegen, aber die Straßen, auf denen man

KAPITEL 14

unterwegs sei, befänden sich in einem katastrophalen Zustand. Im Kongo sei es noch schlimmer. Man fahre da durch die gefährlichsten Gebiete und bekomme keinerlei Unterstützung. Ob nicht auch reiche Leute wie er mehr machen könnten, um die Lage zu verbessern, frage ich. Wieder schaut er mich lange an. »Wir machen schon viel«, sagt er schließlich und bestellt mehr Long Island Iced Tea, wobei er das Glas immer wieder zurückgeben und nachmischen lässt. »Das schmeckt wie Saft, ist mir nicht stark genug.«

Er habe jetzt eigentlich auch keine Lust mehr, über Geschäfte zu reden. »Wie alt bist du?«, fragt er mich stattdessen. »Neununddreißig«, sage ich. »Ich auch«, sagt Greg. »Wie viele Kinder hast du?«, fragt er. »Keine Kinder«, sage ich. »Ich habe zwei Kinder von zwei verschiedenen Frauen«, sagt er triumphierend. »Bist du verheiratet?«, frage ich. »Nein, niemals. Ich fürchte mich vor der Ehe. Ehefrauen sind die größten Feinde des freien Mannes.« Für einen kurzen Moment bin ich sprachlos.

Auf der Restauranttoilette google ich Gregs Namen und den Namen seiner Firma. Auf den ersten Blick scheint alles zu stimmen, was er gesagt hat, wobei es in einem Beschwerdeforum auch einen Eintrag gibt, in dem jemand sagt, er habe Geld an Greg überwiesen, jedoch nie Gold oder Diamanten erhalten. Sind Greg und sein Cousin am Ende Betrüger oder wirklich die erfolgreichen Geschäftsleute, für die sie sich ausgeben? Vielleicht ja sogar beides? Bevor ich aufbreche, möchten beide unbedingt noch mehr über meine Reise wissen. Wo es als Nächstes hingehe. Was bisher das beste Land, das schlechteste Land gewesen sei. Warum ich nicht wie der alte Graetz auch mit einem Auto unterwegs sei.

»Wie kann man sich das nur mit öffentlichen Verkehrsmitteln antun?«, ächzt der inzwischen doch leicht betrunkene Minenbesitzer und sein Cousin nickt. Er sei mal auf einer Geschäftsreise in Deutschland mit Zug und Bus unterwegs gewesen, sagt Greg. Das sei »einfach nur die Hölle« gewesen.

Kapitel 15
LIVINGSTONE UND VICTORIA FALLS

Im Bordfernseher läuft heute ein stundenlanger Wettbewerb, in dem verschiedene Chöre des Landes gegeneinander antreten. Es wird gesungen und in ausgefeilten Choreografien gegeneinander getanzt. Klarer Favorit ist der *Defence and Security Choir* der sambischen Streitkräfte. Singende Soldaten, die sich auch noch richtig gut bewegen können. »Mit denen kann Sambia jeden Krieg gewinnen«, sage ich zur Erheiterung meiner Mitreisenden.

Wir sind auf dem Weg in den äußersten Südwesten des Landes, in die Stadt Livingstone, benannt nach, logisch, Livingstone. Zurück an den Sambesi, an dessen Ufern ich schon in Mosambik so gerne gesessen habe. Im Vergleich zu den bisherigen Ländern auf meiner Tour ist die Reise durch Sambia für mich wie eine Wanderung mit Siebenmeilenstiefeln. Über gut ausgebaute Straßen donnern große Busse, in denen man sich sogar anschnallen kann. Es geht schnell voran und ich genieße die Gespräche mit dem Busfahrer. »Kennst du sambische Fußballer?« – »Ja, Sibusiso Zuma zum Beispiel.« – »Wow, du weißt, wer Sibusiso Zuma ist?« – »Klar, der hat mal für Arminia Bielefeld gespielt.« – »Interessant. Das hätte ich nicht gewusst.«

Wie schön und einfach kann Reisen sein, denke ich. Paul Graetz war es da seinerzeit in Sambia ganz anders ergangen. Eine Panne nach der anderen, Probleme bei der Benzinbeschaffung, schlechte Erfahrungen mit vermeintlich unverschämten Einheimischen. Es sah so aus, als wären Fahrzeug und Mannschaft am Ende ihrer

KAPITEL 15

Möglichkeiten angelangt. In Chipongwe, ein paar Kilometer südlich von Lusaka, hatte der dritte Chauffeur der Reise endgültig genug. Der gelernte Landwirt war zwar erst seit Mbala dabei gewesen, konnte aber trotzdem nicht mehr. Er hatte sogar Angst um sein Leben, weil er befürchtete, dass Teile des Fahrzeugs explodieren könnten. Graetz kommentierte das so:

> Wenn das auch jedem Automobilisten lächerlich erscheinen muss, so mag hier als Erklärung dienen, dass der Farmer, wie schon früher erwähnt, in diesem Wagen das erste Automobil in seinem Leben erblickte. Der Farmer, wohl müde der Strapazen und Entbehrungen, bestieg tatsächlich den die folgende Nacht in Chipongwe liegenden Zug.

Graetz blieben zu diesem Zeitpunkt nur noch zwei Mitfahrer: Herr von Roeder und der tapfere Koch Mzee. Letzterer ist einer der wenigen Afrikaner, dem der deutsche Expeditionsleiter in seinem Reisebericht zumindest hin und wieder so etwas wie Respekt entgegenbringt. Dass »unser Faktotum«, wie er Mzee nannte, auf der Reise zum Beispiel so viele neue lokale Sprachen zu lernen vermochte, imponierte ihm sehr. Zu dritt bündelten sie jetzt ihre Kräfte. Mzee fragte Menschen nach dem Weg, Roeder schoss den Proviant, Graetz lenkte das Auto kilometerlang über Bahngleise, auf denen sie dann beinahe mit einer herannahenden Lokomotive zusammengestoßen wären. Sie kämpften sich über Sumpfböden und durch tiefen Sand. Der Kühler des immer wieder heiß laufenden Motors verbrauchte den Wasservorrat. Nur dank vieler glücklicher Zufälle verdursteten sie nicht. Ich merke, wie ich beim Lesen wieder mitfiebere. So fremd mir Graetz auch im Laufe der letzten Wochen geblieben ist, meine Bewunderung für seine Mühen ist ungebrochen. Es ist nicht nur sein Wille, nicht aufzugeben, der seinesgleichen suchte, sondern auch der Ideenreichtum, mit dem er sich unvor-

LIVINGSTONE UND VICTORIA FALLS

hergesehenen Situationen stellte. Selbst Improvisationstalente wie Daniel Düsentrieb und Angus MacGyver hätten wohl beim Lesen der folgenden Zeilen immer wieder anerkennend genickt.

In dem tiefgefurchten Ochsenwagenwege waren die letzten Flügelschrauben am Flansch glatt abgerissen, nur das Ventil hatte, wenn auch stark verbogen, standgehalten. Ich entschloss mich nunmehr, die Eisenfelge in veränderter Lage wieder aufzusetzen und bohrte neue Löcher für Ventil, Flügel- und Holzschrauben. Da nur noch eine einzige Flügelschraube vorhanden, setzte ich statt deren Ventile von alten Schläuchen ein. Letzteres bewährte sich in der Folgezeit ausgezeichnet, so dass es uns gelang, mit den ruinenartigen Rädern tatsächlich Livingstone zu erreichen.

Auch ich bin inzwischen in Livingstone angekommen. Graetz beschreibt die Stadt als aufgeräumt, grün und voller interessanter Menschen. Genau so erlebe ich sie auch. Mit einem Chirurgen, der von weither angereist ist, um am Sambesi zu angeln, esse ich zu Abend. Zum ersten Mal in meinem Leben probiere ich Krokodilfleisch. Es schmeckt hervorragend, wie eine Mischung aus zartem Putenfilet und gegrilltem Fisch. Am nächsten Morgen treffe ich zufällig einen hochrangigen Offizier der sambischen Armee, der lange als Blauhelmsoldat in der Zentralafrikanischen Republik stationiert war. »Sie nennen das Land das Dreieck des Todes«, sagt er und erzählt, dass er schlimme Sachen mitansehen musste. Immer wieder habe er im Kriegsgebiet auch russische Söldner getroffen, »unheimliche Typen von der Wagner-Truppe, was auch immer die in Afrika zu suchen haben«. Wir reden über den Krieg in der Ukraine. Warum sich viele afrikanische Staaten nicht klarer an die Seite der Ukraine stellen, frage ich ihn. Es sei besser, neutral zu bleiben, sagt er. »Wenn wir irgendwas aus dem Kolonialismus und der Zeit

KAPITEL 15

des Kalten Krieges gelernt haben, dann, dass Afrika sich nicht von irgendwelchen fremden Mächten herumschubsen lassen sollte.«

Jedes Mal, wenn unser Gespräch für einen Moment abebbt, hört man ein Grummeln und Grollen in der Ferne, das hier über allem zu schweben scheint. Ein Gewitter kann es nicht sein, der Himmel ist blau. »Das ist der Sambesi«, sagt der Offizier, der meinen fragenden Gesichtsausdruck richtig gedeutet hat. Gerade führe der Fluss so viel Wasser wie schon lange nicht mehr. Entsprechend laut seien die Wasserfälle. Ich kann es kaum erwarten, sie in die Tiefe stürzen zu sehen. Zu Fuß erklimme ich die große Brücke, auf der nicht nur eine Straße, sondern auch Eisenbahngleise von Sambia rüber nach Simbabwe führen. Die Gischt schlägt mir ins Gesicht. *Mosi oa tunya*, »donnernder Rauch«, so werden die Victoriafälle in einer der zweiundsiebzig Sprachen Sambias genannt. In der Mitte der Brücke spricht mich jemand an, ob ich Lust hätte, mit einem Seil an den Füßen es dem Wasser nachzutun. Ich lehne dankend ab. Bungeespringer gab es zu Graetz' Zeiten noch nicht, ansonsten aber scheint sich zumindest auf den ersten Blick seit seinem Besuch hier wenig verändert zu haben.

> Die Victoriafalls sind wohl das Herrlichste, was die Natur in Afrika geschaffen. Der mächtige Zambesiriver stürzt in einer Breite von 4 km seine Wassermassen mit donnerähnlichem Getöse in eine Tiefe von 450 Fuss. Man glaubt das Zittern der Erde zu spüren, wenn man von steiler Felswand in den Abgrund hinabschaut, der feine Wasserstaub durchnässt unsere Kleider und meilenweit trägt der Wind das Rauschen der Fälle ins Land.

You are now entering Zimbabwe. So steht es schwarz auf gelb geschrieben. Das altehrwürdige Victoria Falls Hotel, in dem Graetz damals abstieg und einen neuen Chauffeur rekrutierte, den vierten auf seiner Tour, gibt es noch immer. Drumherum aber hat die Moderne Einzug gehalten. Bettenburgen, Läden mit Souvenirs *Made in China*, am Himmel Hubschrauber, die reiche Menschen mit lautem Getöse über die Wasserfälle fliegen, damit sie von oben ein paar Fotos machen können. Die Menschen, die auf der Straße die Helikoptertickets verkaufen, bitten ihre Kunden derweil um getragene Schuhe und andere Almosen. Touristen und Einheimische leben in Victoria Falls in Parallelwelten. Das Pint in der schicken Craftbeerbar kostet sieben Dollar, ungefähr so viel, wie einer der Souvenirverkäufer vor der Tür pro Tag verdient. Die Armut mag an anderen Orten Simbabwes größer sein als in Victoria Falls, aber kaum irgendwo ist die Ungleichheit der Welt so spürbar wie in diesem afrikanischen Disneyland.

Ich gehe in den Township Chinotimba. Das ist ebenfalls eine Vokabel für das Rauschen der großen Wasserfälle, dieses Mal allerdings in der Sprache der Nambya. In einem Haus mit einer bunt möblierten Gartenterrasse besuche ich ein kleines Restaurant, das von einer liebenswerten Wirtin betrieben wird. Sie nennt sich Mama Sarah und hat es sich zur Aufgabe gemacht, mit einer ganzen Reihe von anderen Mamas Besuchern aus aller Welt echtes simbabwisches Essen auf den Tisch zu zaubern.

Es gibt *chimodo*, ein Maisbrot aus dem Ofen, dazu Hummus aus Bambaranüssen, Sambesi-Brasse, später ein köstliches Rinderstew, das in der Sprache der Shona den Namen *sadza ne Nyama* trägt. Mama O, eine der Angestellten von Mama Sarah, macht aus Tamarinden einen erfrischenden Saft. Irgendwann kommt eine Gruppe von Kindern aus dem Viertel vorbei, führt ein kleines Musical auf, sammelt Geld für ihr Jugendzentrum nebenan. Die Gäste an diesem Abend sind vor allem Amerikaner, die sich vom strammen Programm ihrer Afrika-Safarirundreise abgeseilt haben. Sie wirken irgendwie verunsichert. »Ich hoffe doch wirklich sehr, dass das hier alles so authentisch ist, wie es scheint«, sagt eine Frau streng und

KAPITEL 15

macht ein Foto von den tanzenden Kindern. Schön, wenn das ihre einzige Sorge ist, denke ich, und verschlucke mich fast an meinem Baobabfruchtdessert.

Früh am nächsten Morgen begebe ich mich zum Bahnhof. Paul Graetz schreibt, dass zu seiner Zeit hier dreimal in der Woche Züge in die Stadt Bulawayo fuhren. Bulawayo hieß damals schon so. Nicht einmal fünfzehn Jahre vor Graetz' Visite hatte die British South Africa Company unter Cecil Rhodes die Stadt in einem ungleichen Krieg dem Königreich Matabele abgetrotzt. Das Land drumherum wurde kolonialisiert. Aus dem Matabele-Reich wurde Rhodesien und Bulawayo für eine Zeit lang dessen Hauptstadt.

Als Graetz im November 1908 mit seinem Auto Bulawayo erreichte, erlebte er ein Wechselbad der Gefühle. Zum einen ließ er sich dafür feiern, es überhaupt bis hierher geschafft zu haben. Zum anderen gab es eine Hiobsbotschaft nach der anderen. So blieb Herrn von Roeder, der im Laufe des Abenteuers immer mehr zu einem geschätzten Freund geworden war, wegen dringender familiärer Angelegenheiten nichts anderes übrig, als schweren Herzens nach Deutschland zurückzureisen. Auch die Budgetplanung bereitete große Probleme. Ein gewisser Mr. Hopkins, der in Bulawayo für eine Firma arbeitete, die die Etappenversorgung der Reise sicherstellte, eröffnete Graetz, dass es für die ganze Expedition äußerst schlecht aussehe. Das Geld sei aufgebraucht.

> Das hiesige Depot und der Rest des Expeditionsfonds war für Neubeschaffung und Transport des Benzins und die Kosten der langen unfreiwilligen Aufenthalte verwandt. Hopkins riet mir, das Automobil zu verkaufen und nach Europa zurückzukehren. Ich erklärte, dass ich das unter keinen Umständen tun würde.

LIVINGSTONE UND VICTORIA FALLS

Der beschriebene Moment erinnert an die Szene am Kongo ein paar Jahre später, als Graetz und seinem Boot die Weiterreise verwehrt wurde. Anders als später fand er dieses Mal aber tatsächlich noch einen Weg, die Expedition fortsetzen zu können. Da er auf der bisherigen Reise zahlreiche Fotos gemacht hatte, wollte er diese jetzt entwickeln lassen, um mit ihnen im benachbarten Südafrika Diashows zu organisieren. Die Bilder der abenteuerlichen Autotour waren schließlich eine Sensation, für die betuchte Menschen viel Eintritt zu zahlen bereit sein dürften. Und mit dem verdienten Geld würde sich bestimmt bald der Rest der Reise finanzieren lassen.

> Ich ging sofort zu Hopkins, dem Agent von Rolfes Nebel & Co., und ersuchte ihn, an seinen Chef um einen Kredit für mich zu drahten auf Grund einer Vortragstournee, welche ich zwecks Durchführung meiner Expedition mit meinen Photos, zu denen mir die Firma Lennon Ltd. in Bulawayo und Johannesburg bereitwilligst Lichtbilder fertigen wollte, durch Südafrika unternehmen würde. Anstatt den erbetenen Kredit überwies mir Konsul Rolfes das Ergebnis einer Kollekte unter den ersten Deutschen von Port Elizabeth, welche ausreichte, Johannesburg mit dem Auto zu erreichen, wo ich den ersten Vortrag halten wollte.

Während ich diese Zeilen von Graetz lese, sitze ich noch immer am Bahnhof von Victoria Falls. Eine Warzenschweinfamilie liegt vor mir auf den Gleisen. »Hier fährt schon länger kein Zug mehr ab«, sagt ein Mann, der mich unter dem Vordach der historischen Station hat sitzen sehen und zu mir herübergeschlendert ist. Offiziell seien seit Monaten alle Verbindungen der Eisenbahn »wegen Corona« gestrichen, aber das mache natürlich keinen Sinn, schließlich gebe es gerade kaum andere Beschränkungen im Land. »Ich kann mich im Minibus ja genauso mit Corona anstecken wie im

KAPITEL 15

Zug«, sagt er. »Oder im Helikopter«, sage ich und deute in den Himmel, in dem sich gerade wieder einige Touristen auf den Weg zur Selfiesafari über dem Sambesi machen. »Ja, wenn man es es sich leisten kann, auch da«, grinst er.

Nein, die Krise der simbabwischen Staatsbahn hat wohl wirklich wenig mit der Pandemie zu tun, sondern vor allem mit der politischen und wirtschaftlichen Misere, die das Land seit Jahrzehnten im Griff hat. Der Mann und ich reden über die Enteignung weißer Farmer, mit der Langzeitherrscher Mugabe zu Beginn dieses Jahrtausends größere Popularität im Rest der Bevölkerung gewinnen wollte, die einst so starke Landwirtschaft des Landes aber in eine tiefe Krise stürzte. Wir reden über eine Hyperinflation, die den Wohlstand von Millionen Menschen vernichtete. Wir reden über Hungersnöte, Menschenrechtsverletzungen und bestechliche Politiker. Der Mann muss aufpassen, dass er nicht zu laut redet. Das Recht auf freie Meinungsäußerung wird in Simbabwe auch nach dem Ende der Mugabe-Diktatur, die im November 2017 mit einem Putsch gegen den einstigen Freiheitskämpfer endete, weiter mit Füßen getreten. »Manchmal frage ich mich, ob uns die Unabhängigkeit überhaupt irgendwas gebracht hat«, sagt er. »Vielleicht wären wir doch besser eine Kolonie geblieben.« Es sind traurige Worte, vielleicht die traurigsten auf meiner ganzen Reise.

Ich überlege, auf welchem Weg ich weiterreisen soll. Seitdem ich weiß, dass Graetz seinerzeit weit nach Süden gefahren ist, um in Johannesburg Geld zu sammeln, spiele ich mit dem Gedanken, seine Route erneut zu verlassen und mal wieder für ein paar Etappen meinen eigenen Weg zu gehen. Ich bin schon oft in Südafrika gewesen und nichts, wirklich nichts zieht mich jetzt, mitten im Südhalbkugelwinter, ins kalte Johannesburg. Stattdessen will ich bleiben, wo es wärmer ist, so weit im Norden wie möglich. Zugleich möchte ich aber die Graetz-Route nicht völlig aus den Augen ver-

LIVINGSTONE UND VICTORIA FALLS

lieren, sondern die historische Kulisse seiner Reise weiter auf mich einwirken lassen.

In einem Café, in das ich den Mann vom Bahnhof eingeladen habe, breite ich meine Landkarte aus, lasse den Finger über Flüsse, Berge und Grenzen wandern. Namibia, Graetz' Zielland, das damals natürlich noch Deutsch-Südwestafrika hieß, ragt hier oben im Norden in einem schmalen Streifen weit nach Osten. »Das ist der Caprivi Strip«, sagt mein Gast, »benannt nach irgendeinem Deutschen.« »Caprivizipfel«, da klingelt was, ich lese zur Sicherheit aber noch einmal nach. Richtig, Leo von Caprivi war von 1890 bis 1894 deutscher Reichskanzler gewesen. Mit den Briten hatte er ausgehandelt, dass Deutschland im Gegenzug zur Anerkennung der englischen Vorherrschaft auf dem Sansibar-Archipel nicht nur die Nordseeinsel Helgoland bekommen sollte, sondern auch eben genau jenen afrikanischen Landzipfel zum Sambesi, den ich gerade auf meiner Karte betrachte. An seinem östlichsten Punkt grenzt Namibia heute an Simbabwe, Botswana und Sambia. Es ist die einzige Stelle der Welt, an der sich gleich vier Staaten treffen. Ein Wallfahrtsort für Erdkundenerds.

»Mache mich auf, den Zipfel eines alten Kanzlers zu finden«, schreibe ich in mein Notizbuch.

Kapitel 16
KASANE UND KATIMA MULILO

Ich setze mir den Rucksack auf und gehe einfach los. So voller Tatendrang wie an diesem Morgen habe ich mich auf dieser Reise bisher noch nie gefühlt. Der Rezeptionist meines Hotels meinte noch, er glaube nicht, dass an einem Sonntag viele Minibusse in Richtung der Stadt Kasane in Botswana fahren würden. Kein Problem, dann laufe ich halt einfach mal drauflos. Siebzig Kilometer sind es laut Google Maps bis zur Grenze. Das ist natürlich zu weit. Aber warum nicht einfach mal ein paar Stunden wandern? Unterwegs würde sich schon irgendwo eine Mitfahrgelegenheit ergeben.

Drei Stunden später nehme ich einen tiefen Schluck Wasser aus einer der beiden Flaschen, die ich mir in einem Laden gekauft habe, als ich noch Häuser und Menschen gesehen habe. Kein Auto ist auf der Landstraße unterwegs, auf der ich langsam nach Westen gehe. Wie viele Kilometer ich zu diesem Zeitpunkt schon gewandert bin? Zehn vielleicht. Hat da gerade irgendwas geraschelt im Busch? Links und rechts des Asphalts beginnt die Wildnis, aber Äste und dichtes Grün versperren den Blick. Ich gehe weiter, senke den Blick und bleibe erschrocken stehen. Vor mir liegen, nun ja, mehrere große Haufen Scheiße. Wie von einem Pferd, aber mindestens doppelt so groß.

Wo bin ich? Handyempfang habe ich keinen mehr, aber die Karte ist in der App noch geöffnet. Mit zwei Fingern zoome ich mich näher an meinen Standort. Die Straße, auf der ich unterwegs bin, ist umgeben von einem riesigen grünen Fleck. Die Mittagssonne macht es schwer, die Schrift darin zu entziffern. Schweiß

KASANE UND KATIMA MULILO

tropft von meiner Stirn auf das Display. Mit zusammengekniffenen Augen kann ich es schließlich lesen: *Zambezi National Park*. Ich werde unruhig. Bin ich mitten im tiefsten Afrika tatsächlich in einen Nationalpark reingelaufen?

Wie schon so oft auf dieser Reise denke ich auch in diesem Moment an Paul Graetz. Kaum ein Kapitel in seinem Buch, in dem er nicht von irgendeiner Tierbegegnung schreibt. Schon klar, das Afrika, durch das er reiste, war wilder als das von heute. Viel mehr Tiere, viel weniger Menschen. Überall lauerte die Natur mit all ihren Gefahren, was dem Reisenden viele großartige Momente bescherte, aber natürlich auch seine Schattenseiten hatte. Man denke an die Büffelattacke vom Chambesi. Würde auch ich gleich angegriffen werden?

In diesem Moment nähern sich zwei Autos. Das erste, ein Pickup, in dem eine Familie sitzt, rauscht vorbei. Ungläubig glotzen sie mich an. Das zweite, ein silberner Honda, stoppt mit quietschenden Reifen. »Bis du völlig verrückt, wie kannst du bloß hier mitten im Nationalpark trampen?«, ruft ein junger Mann, der von innen eine der hinteren Türen öffnet. »Jetzt steig schon ein.« Ich quetsche mich auf die Rückbank. Wir sitzen zu fünft im Auto. »Ich bin Munya«, sagt der junge Mann und stellt die anderen drei Mitfahrer vor. Zwei Frauen, ein Mann. Die Frau am Lenkrad trägt den schönen Namen Patience. Sie alle seien simbabwische Zöllner, auf dem Weg zu ihrem täglichen Schichtbeginn an der botswanischen Grenze. Wie viele Kilometer es von hier noch bis zur Grenze seien, frage ich. »Etwas mehr als fünfzig«, antwortet Patience. Ich war also tatsächlich fast zwanzig Kilometer gelaufen.

»Hier auf dieser Straße hat letztens ein Leopard einen Fahrradfahrer angegriffen«, sagt Munya mit ernster Stimme. Ich muss auf ihn wie ein Idiot wirken. »Ich habe leider gar kein Schild gesehen«, sage ich leise. »Es muss doch nicht immer überall Schilder geben«, sagt Zöllnerin Patience. »Wir sind in Afrika.« Ja, wir sind wirklich

KAPITEL 16

in Afrika. Gleich hinter der nächsten Kurve sehen wir eine Herde Elefanten. Die Haufen auf der Straße dürften von ihnen stammen. Der Bulle blickt in unsere Richtung. Ich bin froh, dass ich im Auto sitze und nicht mehr schutzlos durch diese Gegend laufe. »Du hättest wirklich besser aufpassen müssen«, redet mir Munya abermals ins Gewissen. Obwohl er wahrscheinlich zehn Jahre jünger ist als ich, fühle ich mich wie sein kleiner Bruder.

»Das Gute ist, dass Tiere friedlicher sind als Menschen«, fährt mein gefühlter großer Bruder fort und erzählt unvermittelt eine schockierende Geschichte aus seinem Leben. Bevor er sich beim Zoll beworben habe, habe er ein paar Monate als Anstreicher und Bauarbeiter in Johannesburg gearbeitet. Während eines Jobs hätten Kriminelle ihn und seine Kollegen gekidnappt. Acht Tage sei er in einem Keller festgehalten und geschlagen worden, während die Peiniger seine Familie am Telefon dazu brachten, Lösegeld zu überweisen. Viel Geld. »Südafrika ist ein furchtbares Land«, sagt er. »Die Leute schimpfen immer auf Simbabwe, aber ich bin froh, dass ich wieder hier lebe.«

Wir erreichen den Grenzposten. Ich danke meinen Lebensrettern noch einmal zum Abschied und gehe rüber nach Botswana. Wer entlang des schmalen Caprivizipfels reist, überquert andauernd Grenzen. Ich werde in den nächsten Tagen oft die Seiten wechseln. Von Simbabwe nach Botswana, von dort nach Namibia, rüber nach Sambia, zurück nach Botswana, wieder nach Namibia, noch mal nach Botswana, um schließlich irgendwann in Namibia zu bleiben. Offiziell heißt die Caprivi-Region in Namibia inzwischen übrigens Sambesi-Region. Die Behörden haben sie umbenannt, damit ihre Bürger nicht andauernd an die Kolonialherrschaft der Deutschen erinnert werden. Die allermeisten Menschen, die ich auf meiner Reise treffe, sagen trotzdem Caprivi. Zu meiner Überraschung erfahre ich, dass es in den 1990ern eine Rebellenbewegung gab, die sich für die Unabhängigkeit des Caprivizipfels einsetzte. Erfolglos. Es wäre ohnehin ein sehr kleiner Staat geworden.

KASANE UND KATIMA MULILO

Ich erreiche das Städtchen Kasane. Hier, am Chobe-Fluss, will ich ein paar Tage bleiben. Der Chobe, flussaufwärts in Angola auch Cuando genannt, ist ein Nebenfluss des Sambesi und ein Paradies für Fotografen und Naturfilmer. Soll ich eine Safari buchen? Eigentlich hatte ich das nicht vor auf dieser Reise, Tiere interessieren mich einfach deutlich weniger als Menschen. Als ich wegen meiner Arbeit längere Zeit in Stuttgart leben musste, habe ich mir vor lauter schwäbischer Langeweile mal eine Jahreskarte für den städtischen Zoo gekauft. Spannend war das nicht. Aber schon klar, das hier ist kein Zoo. Das hier ist freie Wildbahn. Ohne Käfige.

»Ich fahre heute Abend sowieso raus, komm doch einfach mit«, sagt ein junger Mann mit Dreadlocks und zeigt auf das flache Boot, das am Steg festgemacht ist. »Du wirst es nicht bereuen. Alles, was du im Discovery Channel gesehen oder bei National Geographic gelesen hast, ist nicht so gut wie das, was ich dir heute zeigen werde.« Er heißt Gee, ist Fremdenführer, fährt Filmteams herum, Touristen, jeden, der Lust hat, in die Natur seiner Heimat einzutauchen. »Der Chobe ist mein Ein und Alles«, sagt er. Er sei in Kasane geboren, habe als Kind oft im Fluss gebadet, »bis die Krokodile einen Freund von mir gegessen haben«. Ist es ein Witz oder bitterer Ernst? Ich lache besser mal nicht.

Noch etwa zwei Stunden sind es bis zum Sonnenuntergang, Countdown zur goldenen Stunde. Neben Steuermann Gee sind nur ein Geschäftsmann aus Botswanas Hauptstadt Gaborone und ein Paar aus Südafrika mit mir an Bord. Wir machen uns auf den Weg, fahren in die Wildnis und sehen eine Welt, von der ich glaubte, dass sie so wirklich nur in Tierdokumentationen existieren würde. Im Wasser, das voller Schilf und Seerosen ist, baden Elefanten. Ein paar Meter weiter strecken Flusspferde ihre Hintern aus den Fluten. Impalas treten ans Ufer, trinken vorsichtig, gierig beäugt von riesigen Krokodilen, die direkt vor ihnen lauern und nur darauf

KAPITEL 16

warten, sich ihr Abendessen abzuholen. »Das ist das Gleichgewicht seit Jahrhunderten, seit Jahrtausenden«, sagt Gee.

Mit leisen Motorengeräuschen fährt er uns immer wieder ganz nah an die Tiere heran. Kormorane landen auf einem Baum neben uns. Etwas weiter hinten hat Gee einen Löwen entdeckt. Das südafrikanische Paar sieht ihn, der Geschäftsmann und ich sehen ihn nicht. Nicht so schlimm, denn es gibt jede Menge andere Kreaturen zu entdecken. Wasserbüffel betreten die Bühne. Ihre Hörner, die an der Kopfstelle, wo sie zusammenlaufen, wie ein Mittelscheitel aussehen, sind dick wie menschliche Oberschenkel, aber mit so spitzen Enden, dass man damit locker eine Weinflasche entkorken könnte. So ein Tier hatte also einst Graetz' Kiefer durchbohrt und seinem französischen Kameramann das Leben genommen.

Grausame, wunderschöne Natur. Als riesengroßer roter Ball geht die Sonne über dem Chobe unter. Ein erhabener Moment. Wäre ich ein religiöser Mensch, würde ich jetzt wahrscheinlich irgendwas von »Gottes Schöpfung« oder »einem Besuch im Garten Eden« von mir geben. Bin ich aber nicht. Und so genieße ich einfach nur die Magie des Augenblicks.

Über sandige Straßen, die auch außerhalb der Nationalparks immer wieder von Elefanten und Giraffen gekreuzt werden, reise ich in den nächsten Tagen langsam weiter. Volle, aber nicht zu volle Busse, geruhsame Frühstückspausen, in denen sich die Reisenden ihr Essen teilen. Ich habe eine Runde Teigbällchen dabei, über die man sich eine Gemüsesoße kippt, die ich seit dem Aufenthalt in einer Garküche in einer Plastikbox mit mir herumtrage. Den nächsten längeren Aufenthalt mache ich in der Stadt Katima Mulilo, meinem ersten längeren Halt in Namibia. Bin ich in den letzten Tagen vor allem mit Natur und Tierwelt entlang meiner Route beschäftigt gewesen, drängen sich jetzt wieder die Menschen in mein Wahrnehmungsfeld. Mit all ihren Geschichten, ihrer Politik, ihren Kämpfen.

KASANE UND KATIMA MULILO

»Es gab so viele Schlachten hier, diese Gräber erzählen nur einen Bruchteil unserer Geschichte«, sagt ein Mann, den ich nach dem Weg zu einem alten Friedhof frage, der hier irgendwo am Ufer des Sambesi sein soll. Im Ersten Weltkrieg hatten die Deutschen den äußersten Nordosten ihrer Kolonie schnell verlassen. Die Siedlung Schuckmannsburg, etwa sechzig Kilometer von Katima entfernt, fiel schon im September 1914 kampflos den Briten in die Hände. Weiter westlich, an der Grenze zum heutigen Angola, lieferten sich Deutsche und Portugiesen dagegen Gefechte in Naulila und Cuangar. Nach dem Vertrag von Versailles stand das Land dann unter südafrikanischer Mandatsmacht. Als nach dem Zweiten Weltkrieg die UNO darauf drängte, Südwestafrika in die Unabhängigkeit zu entlassen, ignorierte Südafrika dies. Schlimmer noch: Es dehnte sein menschenverachtendes System der Apartheid auch bis hierher aus.

»Und dann begann der dreißigjährige Krieg«, sagt der Besitzer des Gästehauses, in dem ich die Nacht in Katima verbringe. Ein dreißigjähriger Krieg in Afrika? Gemeint ist der namibische Unabhängigkeitskrieg, der manchmal auch als »südafrikanischer Grenzkrieg« bezeichnet wird. Kämpfer der Volksbefreiungsarmee Namibias, des militärischen Arms der Südwestafrikanischen Volksorganisation, kurz SWAPO, griffen 1966 von Sambia und Angola aus an, unterstützt auch von Kuba und der Sowjetunion. Soldaten der Südafrikanischen Verteidigungskräfte, kurz SADF, hielten dagegen. Katima wurde zur Frontstadt. SADF-Truppen bauten Bunker und terrorisierten die lokale Bevölkerung, weil sie unter ihnen Widerstandskämpfer vermuteten. 1978 starben in Katima zehn südafrikanische Soldaten, als ihre Armeebasis mit Raketen bombardiert wurde. Der Krieg, der streng genommen nicht dreißig, sondern vierundzwanzig Jahre dauerte und sich mit der Zeit immer mehr nach Angola verlagerte, endete 1990 mit der Unabhängigkeit Namibias.

KAPITEL 16

»Wir Weißen haben den Krieg verloren«, sagt mein Gastgeber und lässt sich von seinem Angestellten noch ein großes Glas Rotwein einschenken. Ja, als »stolzer Bure« habe er natürlich aufseiten der Südafrikaner gekämpft, sagt er in gebrochenem Englisch mit holländischem Einschlag. Er wird an diesem Abend noch häufiger abwertend über »die Schwarzen« sprechen. Dass sein Angestellter, der um ihn herumwuselt, auch zu dieser Gruppe von Menschen gehört, scheint ihn nicht zu stören. »Wir müssen aufpassen, dass wir nicht ein zweites Simbabwe werden«, sagt er und nimmt einen gewaltigen Schluck Wein. Sollte es auch in Namibia eine Landreform geben, die weißen Farmern ihr Land wegnimmt, würde alles den Bach runtergehen. Warum? »Weil die Schwarzen das mit der Landwirtschaft einfach nicht können.« Der Angestellte blickt ins Leere und schenkt seinem Chef noch mal nach. Ich ziehe mich schließlich auf mein Zimmer zurück, erschlagen von der bleiernen Schwere der Situation.

»Ja, Namibia ist ein schwieriges und fragiles Gebilde«, sagt die Journalistin Cecilia, als ich ihr und ihrem Freund Toya am nächsten Tag von meinen ersten Beobachtungen im Land erzähle. Wir sitzen im kleinen Ort Divundu, wo die beiden gerade einen Computerworkshop für lokale Beamte gegeben haben. »Journalismus ist zu schlecht bezahlt in Namibia, deswegen muss man jetzt halt solche Sachen machen«, sagt sie entschuldigend und ich merke, wie sehr sie es genießt, mit mir, also einem Kollegen, über die großen Themen ihres Landes zu sprechen. »Ich hoffe, dass wir als Gesellschaft die Gräben eines Tages alle zusammen überwinden können«, sagt sie. Ob es denn Grund für Optimismus gebe, frage ich. »Schwierige Frage«, antwortet nun Toya. Sobald viele Menschen in einer Gesellschaft das Gefühl hätten, dass es ungerecht zugeht, könne es keinen Frieden geben. »Die weißen Namibier sind nach wie vor die Reichen im Land.« Jetzt hätten sie große Angst, dass man ihnen etwas wegnimmt. »Auf der anderen Seite gibt es viele Schwarze, die

KASANE UND KATIMA MULILO

mehr wollen, aber wütend sind, dass ihre eigenen Politiker, also die Menschen, die sie selbst gewählt haben, es nicht hinbekommen, ihren Lebensstandard zu verbessern.«

Und dann gebe es auch hier natürlich noch »die Chinesen«. Cecilia und Toya erzählen mir, dass es in Namibia in den letzten Tagen viele, teils gewalttätige Proteste gegen Geschäftsleute aus Fernost gegeben habe. Die Motive für die Wut gleichen denen in anderen afrikanischen Staaten.

Chinesen hätten zu viel Einfluss in Namibia und würden das Land mit gefälschten Billigprodukten überschwemmen. Aus Angst vor Pekings außenpolitischer Macht lasse Namibias Regierung die Asiaten gewähren und gehe dann auch noch einseitig gegen namibische Konkurrenten vor. »Ich kann den Ärger der Leute verstehen«, sagt Toya, »aber Gewalt ist natürlich keine Lösung.«

Auch im kleinen Divundu, in dem es neben zwei Durchgangsstraßen, einer Tankstelle, einer Bar und einem Friseurladen sonst so gut wie gar nichts gibt, findet man einen Chinashop. Es ist eine große Lagerhalle, in dem sich jede Menge Plastik und Technik stapelt. Ventilatoren, Putzeimer, SIM-Karten, Billigklamotten, Schreibhefte, Werkzeuge, alles aus China importiert. Die Frau hinter der viel zu großen Ladentheke nennt sich Annika, weil niemand ihren richtigen Namen aussprechen kann. Sie ist eine zierliche Frau und stammt aus einer armen chinesischen Familie. »Mein Mann hat irgendwann gesagt, dass wir auswandern müssen, um mehr Geld zu verdienen«, sagt sie in gebrochenem Englisch. Zusammen mit Schwager und Schwägerin seien sie deswegen vor elf Jahren in Afrika gelandet.

Warum ausgerechnet hier in Divundu, frage ich. »Hier gab es damals noch keinen Chinashop.« Ja, das Leben so weit weg von zu Hause sei schwer, sagt sie leise und verdrückt eine Träne. Die Kinder lebten daheim bei den Großeltern. Sie sollen es später einmal besser haben. Wegen Corona habe sie sie seit mehr als zwei Jahren nicht gesehen.

KAPITEL 16

Eine ältere Dame schlurft herein, um sich neues Guthaben auf ihr Handy laden zu lassen. Annika nennt sie »Mama Africa«. Die ältere Dame lächelt und sagt etwas in einer Sprache, die Annika nicht versteht. Ob sie Angst habe, dass auch ihr Laden eines Tages von Anti-China-Demonstranten gestürmt werden könnte, frage ich Annika. Nein, die Menschen hier in Divundu seien friedlich, sagt sie. Na ja, zumindest hoffe sie das. Ihr Mann und sie hätten ihr ganzes Leben in dieses Geschäft gesteckt. »Ich wünsche euch alles Gute«, sage ich und freue mich über die persönliche Begegnung. Sosehr ich verstehen kann, wenn sich Afrikaner gegen den wachsenden Einfluss Chinas auf ihrem Kontinent zur Wehr setzen, so viel Respekt habe ich für Annika und ihre Familie. Die Welt ist kompliziert.

Kompliziert und wunderschön. Entlang des Okavango, des Flusses, der in kein Meer mündet, sondern in einem riesigen Delta in der Erde versickert, geht es wieder runter nach Botswana. Kaum irgendwo auf der Welt ist das Leben so bunt und artenreich wie hier. Dahinter aber folgt der harte Bruch. Es wartet die Kalahari. Trockenes, lebensfeindliches Land.

Kapitel 17
GHANZI UND GOBABIS

Mag der Ritt durch die Wüste auch heute noch ein Abenteuer sein – früher war es eine Mutprobe gewaltigen Ausmaßes:

»Es war unmöglich, sich nach Angaben der Leute, welche die Kalahari kennen wollten, ein Bild davon zu machen, was uns erwartete. Die Schilderungen waren so verschieden, ja zum Teil sich geradezu widersprechend, so dass man nicht wusste, wem man Glauben schenken sollte.«

So erlebte Paul Graetz am 10. Januar 1909 seinen Aufbruch ins Ungewisse. In Johannesburg hatte er mithilfe des deutschen Konsuls auf seinen Vorträgen genug Geld eingesammelt, um die Reise fortsetzen zu können, wobei vereinbart wurde, die Finanzierungsengpässe nicht allzu sehr zum Thema zu machen. Nicht dass sich andere Kolonialmächte über die Deutschen und ihre Fehlplanungen noch das Maul zerreißen würden. Am Steuer des Wagens saß inzwischen Chauffeur Nummer fünf, ein Australier. Henry Gould, dreiundzwanzig Jahre jung, hatte zuletzt als Goldgräber in Südafrika gearbeitet, verstand aber viel von Automobilen. Gould sei »ein guter Mechaniker mit gediegenen Kenntnissen und trotz seiner Jugend reicher Erfahrung«, schreibt der Expeditionsleiter angetan. Auf seinen bisher so geschätzten Koch Mzee musste Graetz von nun an allerdings verzichten. Die Aussicht auf eine Fahrt, die Hunderte Kilometer ohne Wasser durch die Wüste führen sollte, war für Mzee und einen weiteren Helfer zu viel. Zum großen Ärger des Bosses.

KAPITEL 17

Ich hätte am liebsten den beiden Herren gehörig die Nilpferdpeitsche zu fühlen gegeben, doch ist dies in diesem Lande nicht zulässig. Die teilnahmlos umherstehenden Polizisten halfen mir jedoch auch nicht, die Boys zur Erfüllung ihrer Kontraktpflicht zu zwingen, obwohl auch hierzulande eine Kündigungsfrist existiert.

Zurück im Hier und Jetzt. Der Spediteur, der mich an diesem Morgen dankenswerterweise für ein paar Kilometer mitnimmt, rattert die unebene Schotterpiste nach Sehitwa hinunter. Hier, ganz in der Nähe des Ngamisees, den 1849 als erster Europäer, man ahnt es bereits, natürlich Livingstone erblickte, muss ich umsteigen. Graetz war hier, sechzig Jahre nach Livingstone, ebenfalls unterwegs gewesen. Weil zuvor zu viel Benzin ausgelaufen war, wurde sein Auto damals allerdings nicht mehr von einem Motor angetrieben, sondern von sechs Ochsen gezogen. Ich kann mir beim Lesen ein Kopfschütteln nicht verkneifen. Graetz' groß angekündigte Afrikadurchquerung war hier also einmal mehr zur Abschlepptour geworden. Zählt das dann eigentlich noch? Wenn man vorgibt, als erster Mensch den ganzen Kontinent mit einem Auto zu durchfahren, muss dieses Auto dann nicht auch *fahren*? Sei's drum, ich will da mal nicht so streng sein. Ich wäre an diesem Tag übrigens dankbar gewesen, wenn mich ein paar Ochsen hinter sich hergezogen hätten. Es herrscht Generalstreik in Botswana, alle Bus- und Minibusfahrer protestieren gegen die stark gestiegenen Spritpreise. Den ganzen Tag über geht gar nichts. Der Wind peitscht gnadenlos, als ich an einem Obststand etwas Schutz suche. Dann kommt mit dem Spediteur endlich irgendwann eine Mitfahrgelegenheit nach Ghanzi, die heimliche Hauptstadt der Kalahari.

Woher der Name Ghanzi wohl kommt? Bei meinen oberflächlichen Recherchen finde ich gleich drei konkurrierende Erklärungen. Die erste besagt, dass der Name etwas mit einem Wort aus der Spra-

GHANZI UND GOBABIS

che der Volksgruppe der Tswana zu tun hat. Dieses bedeute »Fliegen«, also die Insekten, und von denen würden hier schon sehr viele herumschwirren. Quatsch, sagt die nächste Theorie. Eine Sprache der San-Völker benutze ein ähnliches Wort für ein einsaitiges Musikinstrument, das hier in der Gegend früher oft erklang. Nach diesem sei die Stadt benannt worden. Die dritte These schließlich finde ich persönlich am charmantesten. Demnach leitet sich die Ortsbezeichnung vom gesprochenen Wort »Gaentsii« ab, das bei den Naro-San so viel wie »geschwollenes Hinterteil« bedeutet. Eine Hommage an die saftigen Antilopensteaks der Gegend.

Sicher ist: Wild und Vieh bilden schon lange den Reichtum der Kalahari. In letzten Viertel des neunzehnten Jahrhunderts zogen hier die sogenannten Dorslandtrekker durch: burische Bauern, Nachfahren holländischer, deutscher und hugenottischer Siedler, auf der Flucht vor den Briten in Südafrika. Manche zogen weiter, bis in den Süden Angolas, andere blieben hier, bauten sich Existenzen auf, nur um dann doch unter britischer Herrschaft zu landen. Die Ureinwohner Botswanas hatten mit den Buren nämlich schlechte Erfahrungen gemacht. Weil sie die Auseinandersetzungen mit ihnen leid waren, baten sie die Briten, Schutzmacht in ihrem Land zu werden. Betschuanaland wurde so zwar ein britisches Protektorat, lokale Herrscher aber behielten ihre Autorität. Paul Graetz lernte auf seiner Reise Chief Khama persönlich kennen, einen besonders einflussreichen Tswana-Führer. Khama besitze persönlich »Tausende von Rindern«, schreibt Graetz. Entsprechend beeindruckt ist er von dessen Reichtum, aber auch von dessen Machtfülle: »Khama duldet nicht, dass etwas seitens der englischen Behörde in seinem Lande ohne seine vorherige Einwilligung geschieht. Er hat nach wie vor die Gerichtsbarkeit über die Leute seines Volkes, und wird von diesen wie ein Gott geliebt und gefürchtet.«

Wer hätte gedacht, wie viel Geschichte in einer Wüste stecken kann. Ich gehe durch Ghanzi. »Hier bei uns, das ist der wahre wilde

KAPITEL 17

Westen«, sagt ein vernarbter Cowboy namens Stanley. Sechs Tage die Woche arbeitet er draußen auf dem Viehposten, eine Nacht verbringt er in der Stadt bei seiner Frau und den Kindern. Es ist ein entbehrungsreiches Leben, rau und ohne Komfort. Wir gehen in einen der Läden. Leder, Munition und Jagdgewehre. Die Knarren der Kalahari. In einem kleinen Museum lerne ich mehr über die alten Jagdwerkzeuge der San-Völker: Pfeil, Bogen, Speer. Seit 20 000 Jahren leben sie hier als Jäger und Sammler und noch immer sind einige von ihnen hier in den Weiten der Strauchsavanne so unterwegs. Heute nennen sie sich selbst »Buschmänner«, wobei die Bezeichnung ihnen zunächst von außen aufgedrückt wurde.

»Wir sind stolz, Buschmänner zu sein«, sagt ein Freund von Cowboy Stanley und fragt mich, ob ich *Die Götter müssen verrückt sein* gesehen habe. Ich muss lachen. Ja, den Film, in dem eine Colaflasche vom Himmel fällt und das Leben eines von der westlichen Zivilisation abgeschotteten afrikanischen Stammes auf den Kopf stellt, habe ich als Kind gesehen und damals gedacht, dass es überall in Afrika so aussieht. Zu meiner Verwunderung scheint der Film hier immer noch ein großer Hit zu sein. Schon in einem der Busse in Sambia war er zur großen Belustigung meiner Mitreisenden auf dem Bordfernseher gelaufen.

»Findet ihr denn nicht, dass der Film zu albern ist, eure Kultur falsch darstellt, zu viele Klischees zeigt?«, frage ich den Buschmann, bin mir aber nicht sicher, ob er die Frage versteht. »Nein, gar nicht«, sagt er schnell, um mir dann die Geschichte des Hauptdarstellers zu erzählen. N!xau hieß der, ein Name mit Klicklaut. Im Film spielt er, der ungelernte Schauspieler, einen Mann namens Xi, der bis ans Ende der Welt rennen will, um die Flasche, die Neid und Missgunst in die Herzen seiner Leute gebracht hat, zu entsorgen. »Als der Film ein Erfolg wurde, wurde N!xau überallhin eingeladen, er bereiste die ganze Welt, drehte noch mehr Filme«, sagt der Buschmann. »Und weißt du, was er nach all dem gemacht hat?« Nein, ich weiß

GHANZI UND GOBABIS

es nicht. Er lächelt selig. »Er ist zurück in den Busch gekommen und hat hier genau das gemacht, was er vor seinem Leben als Filmstar gemacht hat.«

In der Tat, im Internet finde ich ein paar alte Artikel, die die Geschichte bestätigen. So soll N!xau im Jahr 2003 glücklich in der Nähe seines Heimatdorfes gestorben sein. Aus seinem Ruhm habe er sich nichts gemacht, dafür aber bis zu seinem Tod das traditionelle Leben als Jäger geliebt, erfahre ich.

Beim Mittagessen im schicken *Kalahari Arms Hotel* schlage ich das Buch von Graetz auf. Ich lese, dass auch er auf seiner Reise einige Buschmänner traf. Ja, sie gaben ihm, dem durstigen Durchreisenden, netterweise sogar Milch zu trinken. Das hielt den Mann aus Deutschland allerdings nicht davon ab, über ihr Aussehen zu lästern. Die Wilden waren ihm offenbar nicht wild genug.

> Das Aussehen dieser Buschmänner trug übrigens ihrem Namen nicht die geringste Rechnung. Stellt man sich diese Zigeuner der Kalahari etwa bis an die Zähne bewaffnet in voller Kriegsbemalung vor, so irrt man weit von der Wirklichkeit ab. An den kleinen krummen Gestalten hängen in Fetzen Reste europäischer Kleidungsstücke. Die Frauen hüllen sich in zerrissene, durchlöcherte Decken, wobei sie auf die Verhüllung von Reizen in Ermangelung solcher nicht bedacht zu sein brauchen.

Wie unflätig bist du eigentlich, Graetz? Wie schon so oft in den letzten Wochen beginne ich in Gedanken ein Gespräch mit dem Autor von einst. Leider antwortet er mir auch dieses Mal nicht. Ich gehe rüber zum Busbahnhof, fahre nach Charles Hill, die letzte Siedlung auf botswanischer Seite. Vor mir sitzen zwei Herero-Frauen in traditioneller Tracht. Viktorianische Kleider, Hüte, die sich beim genaueren Hinsehen als zwei miteinander verknotete Kopftücher

KAPITEL 17

herausstellen. Die spitzen Enden des Kopfschmucks ragen weit in den Mittelgang des kleinen Busses hinein. Irgendwo in der sandigen Einöde steigen sie aus. Zwei Farbtupfer im Wüstengrau. Zum letzten Mal auf dieser langen Reise überquere ich eine Grenze. In Namibia, dem Land, das einst Deutsch-Südwestafrika hieß, will ich den Atlantik erreichen, die Westküste Afrikas. In der schummrigen Grenzstation fragt mich ein gähnender Soldat, warum ich bereits einen Einreisestempel von letzter Woche im Pass hätte. Ich erzähle ihm von meiner Tour durch den Caprivi. »Na dann, willkommen zurück«, sagt er.

Ich trete ins gleißende Sonnenlicht, sehe, warum die Kalahari von Biologen nicht Wüste, sondern Dornstrauchsavanne genannt wird. Unter einem besonders großen Busch parke ich meinen Rucksack und halte den Daumen raus. Man hat mir schon gesagt, dass ich hier wohl oder übel zum Anhalter werden würde. Verbindungen mit öffentlichen Verkehrsmitteln sind in den Weiten Namibias dünn gesät. Warum? Weil es so wenige Menschen gibt. Zweieinhalb Millionen Einwohner in einem riesigen Land, im Durchschnitt sind das gerade mal drei pro Quadratkilometer. Zum Vergleich: In Deutschland teilen sich mehr als zweihundert Menschen einen Quadratkilometer.

Ein rostiger 3er BMW hält. »Hi, ich bin Jimmy«, sagt der Fahrer zur Begrüßung. Er ist vielleicht so alt wie ich, auf die Windschutzscheibe hat er sich die Worte »Mr Rich Man« geklebt. »Bist du ein reicher Mann?«, frage ich. »Nein, aber ich wäre es gerne«, sagt er und lacht. »Kannst du mich bis Gobabis mitnehmen?« – »Klar, da wohne ich.« Gobabis ist die Hauptstadt der Omaheke-Region, des Stammlands der Herero. »Ich bin kein Herero, sondern ein Ovambo«, sagt Jimmy. Ich hatte ihn gar nicht danach gefragt. Wir fahren durch leeres Land. Sand, Sträucher, sonst nichts. Omaheke. Das zwanzigste Jahrhundert war gerade erst ein paar Jahre alt, als diese unwirtliche Gegend zu einem riesigen Friedhof wurde. Der Aufstand der Herero

GHANZI UND GOBABIS

gegen die deutschen Besatzer hatte im Januar 1904 begonnen, im August kam es zur berühmten Schlacht am Waterberg. Herero-Soldaten und ihre Familien flüchteten in die Wüste. Am 2. Oktober erließ General Lothar von Trotha, ein Ostafrikaveteran, der erst wenige Monate zuvor das Kommando der Schutztruppe in Deutsch-Südwest übernommen hatte, das, was später als »Vernichtungsbefehl« in die namibische Geschichte eingehen sollte:

> Ich, der große General der Deutschen Soldaten, sende diesen Brief an das Volk der Herero: Die Herero sind nicht mehr Deutsche Untertanen. Sie haben gemordet, gestohlen, haben verwundeten Soldaten Ohren und Nasen und andere Körperteile abgeschnitten und wollen jetzt aus Feigheit nicht mehr kämpfen. Ich sage dem Volk: Jeder, der einen der Kapitäne an einer meiner Stationen als Gefangenen abliefert, erhält tausend Mark, wer Samuel Maharero bringt, erhält fünftausend Mark. Das Volk der Herero muss jedoch das Land verlassen. Wenn das Volk dies nicht tut, so werde ich es mit dem Groot-Rohr dazu zwingen. Innerhalb der deutschen Grenzen wird jeder Herero mit und ohne Gewehr, mit oder ohne Vieh erschossen, ich nehme keine Weiber oder Kinder mehr auf, treibe sie zu ihrem Volk zurück oder lasse auf sie schießen. Dies sind meine Worte an das Volk der Herero. Der große General des mächtigen Kaisers.

Es ist ein Dokument des Grauens, das ich da in meinen Händen halte. In einem Internetcafé habe ich mir eine Kopie ausgedruckt, zusammen mit Kopien anderer Primärquellen aus jener Zeit, die ich online in deutschen Archiven gefunden habe. Jetzt sitze ich im Zentrum von Gobabis auf einer Bank in der Nachmittagssonne und lese in den Papieren, die vor mir liegen. Von Trotha hatte seinen Soldaten mitgegeben, dass es bei Frauen und Kindern reiche, »über

KAPITEL 17

sie hinwegzuschießen«, um sie »zum Laufen zu bringen«. Doch was geschah mit denen, die in die Wüste liefen? Viele verdursteten, weil die Deutschen die wenigen Wasserstellen der Omaheke abriegelten. »Das Röcheln der Sterbenden und das Wutgeschrei des Wahnsinnes verhallten in der erhabenen Stille der Unendlichkeit«, notierte später der Generalstab. Das »Strafgericht auf dem Sandfeld« habe »sein Ende gefunden« und die Hereros hätten »aufgehört, ein selbstständiger Volksstamm zu sein«.

Im Jahr 1905 befahl von Trotha dann auch noch die Vernichtung der Volksgruppe der Nama, die es ebenfalls gewagt hatte, sich der Kolonialherrschaft zu widersetzen. Drei Jahrzehnte bevor in Europa der Holocaust begann, bauten die Deutschen in Afrika ihre ersten Konzentrationslager. Ich betrachte ein altes Foto von einer Halbinsel vor der Stadt Lüderitz. Felsen, Zeltplanen im Wind, Gruppen von Menschen, die zusammengekauert auf der Erde sitzen. Tausende Gefangene sollen hier zwischen 1905 und 1907 ums Leben gekommen sein. Verhungert, zu Tode geprügelt, an Zwangsarbeit gestorben. Der Name des Ortes bleibt sofort im Gedächtnis. Shark Island. Haifischinsel. Da will ich hin.

Ich packe meine Zettel zusammen und gehe spazieren. Ein Bistro namens »Ernie's« verkauft Bratwurst und Sauerkraut. Gutbürgerliche Küche und Genozid. Warum nimmt mich das auf einmal alles so mit? Weil es offenbar einen Unterschied macht, wo man sich mit historischen Ereignissen befasst. Tausende Kilometer entfernt am Schreibtisch oder direkt vor Ort, wo die Geschichte geschrieben wurde. Da, wo Landschaft und Himmel so aussehen wie damals. Wo die Gesichter der Menschen denen ähneln, die man auf körnigen Schwarz-Weiß-Bildern betrachtet. Ich muss an die zwei Herero-Frauen denken, die mit mir am Morgen in Ghanzi in den Bus gestiegen sind, an ihr Dorf in Botswana, jenseits der namibischen Grenze. Ihre Vorfahren müssen damals zu denen gehört haben, die es durch die Wüste schafften.

GHANZI UND GOBABIS

Was schrieb eigentlich Paul Graetz zu alledem? Belastete ihn das, was da kurz vor seiner Ankunft in Deutsch-Südwest passiert war? Es hat nicht den Anschein. Als er am 13. März 1909 nach zweimonatigem Ritt durch die Kalahari die deutsche Kolonie erreichte, war er zunächst einmal einfach nur glücklich, »des Vaterlandes Farben flattern« zu sehen.

Man hatte ja schon so lange auf das Auto gewartet. Deutsche Reiterhände streckten sich mir zum Willkommen entgegen. Fest und braun sahen sie aus, diese deutschen Jungens, die so manches Jahr hier draussen ihren Dienst versehen und so manchen Strauss mit durchgefochten in diesem heissumstrittenen Lande.

Das, was die meisten Historiker heute einen Völkermord nennen, war für Graetz damals also »ein Strauß«, den es »durchzufechten« galt. Auf seiner Autofahrt von der Grenze nach Windhoek, die wegen kaputter Magneten im Motor zunächst mal wieder im Ochsenschlepptau vonstattengehen musste, übernachtete er bei einem deutschen Farmer. Dieser sei, so schreibt Graetz, wohl »der einzige Deutsche« gewesen, »der während des letzten Hereroaufstandes in den Händen der Herero war und nicht von diesen getötet wurde«. Was mit den Herero geschehen war, machte Graetz dagegen nicht weiter zum Thema. Zwar notierte er, dass im Land »ganze grosse Eingeborenenwerften [also Siedlungen, S. R.] ausgestorben« seien, beantwortete die Frage nach der Todesursache allerdings so: »Das Malariafieber hatte das schwarze Volk, das weniger widerstandsfähig gegen das Fieber ist als der Europäer, dahingerafft.«

Ein paar lebende Hereros fand Graetz dann aber auch noch. Sie durften die Ochsen treiben, die sein kaputtes Auto nach Westen zogen.

Kapitel 18
WINDHOEK

Es ist verdammt frisch, als ich am Morgen im Zentrum der namibischen Hauptstadt aus unserer Blechbüchse klettere. Windhoek liegt mehr als anderthalbtausend Meter über dem Meeresspiegel, im Winter kann es hier schon mal richtig kühl werden. Ich fühle mich wie eingerostet, habe Rückenschmerzen. Die Tausenden Reisekilometer der letzten Wochen, davon die allermeisten in Afrikas unvermeidlichen Minibussen, haben ihre Spuren hinterlassen. Nun also Windhoek. Oder doch Windhuk? Deutscher als hier wird's nicht. Die Häuser, die Gesichter, die Sprache. Etwa zwanzigtausend deutsche Muttersprachler soll es im heutigen Namibia geben, lese ich. Die Zahl wirkt überraschend klein, so präsent sind deutsche Wörter hier, so allgegenwärtig ist das koloniale Erbe.

Der Bahnhof von Windhoek ist ein wilhelminischer Prachtbau, wie ich ihn zuletzt in Kigoma gesehen habe. In der Nähe gibt es frisch Gezapftes, gebraut nach dem deutschen Reinheitsgebot von 1516. Erlebte hier Paul Graetz einst seinen im Buch erwähnten »Bierabend«, an dem er »den Windhukern« von seinen Erlebnissen »erzählen musste«? Einige Zeit machte der Reisende damals in der Stadt Station, erlebte »schöne Tage«, auch wenn er sich offenbar an manches erst wieder gewöhnen musste.

> Hier fühlte man sich schon wieder der Kultur nahegerückt. Als wir jetzt in die hellerleuchteten Räume des Hotels traten, glaubten wir uns in eine andere Welt versetzt. Wir empfanden

WINDHOEK

Scheu, uns mit unseren abgerissenen Wüstenkitteln in die schönen roten Klubsessel zu setzen ... »Immer rin! ... und Champus her ...«.

Prost, Graetz! Ich erkunde die Stadt nüchtern, versuche mich aber an den alten Beschreibungen entlangzuhangeln. »Mehrere gute elegante Hotels, auf den Höhen im Tal entlang überall hübsche, freundlich herabschauende Villen« – ja, die gibt's alle auch heute, auch wenn es wohl größtenteils nicht dieselben Gebäude sind. Die sandsteinerne Christuskirche ist dafür das wohl sichtbarste Überbleibsel der deutschen Kolonialzeit. Seit mehr als elf Jahrzehnten thront sie hier im Zentrum, befand sich zu Zeiten von Graetz' Visite aber noch im Bau. Gleich neben der Kirche steht die Alte Feste, ein Fortgebäude, dessen Baubeginn 1890 so etwas wie die Grundsteinlegung des modernen Windhoek markierte. Heute steht das Fort im Schatten des neuen namibischen Unabhängigkeitsmuseums, einem, man kann es nicht anders sagen, unfassbar hässlichen Gebäude, entworfen von nordkoreanischen Architekten. Von der Aussichtsterrasse des neuen Wuchtbaus kann man in den Innenhof der Festung schauen. Ein deutscher Reiter aus Bronze fristet darin ein einsames Dasein.

»Der Reiter musste umziehen, weil an seinem ursprünglichen Platz dieses Museum errichtet wurde«, erklärt Beatha. »Für einige Jahre stand er dann noch mal ein paar Meter weiter, gleich da vorne, wo jetzt das Genoziddenkmal ist.« Beatha ist Studentin an der Universität Windhoek und heute Vormittag meine Stadtführerin. Es ist eine exklusive Tour, denn außer mir nimmt kein anderer Besucher teil. Wir verstehen uns gut, aber ich merke, wie sie immer wieder vorsichtig nach Worten ringt. Ist es, weil ich aus dem Land komme, aus dem einst auch der Reiter kam? »Keine Scheu, ich sehe die Kolonialzeit kritisch«, sage ich holprig. Eine Selbstverständlichkeit, die Beatha aber trotzdem zu freuen scheint.

KAPITEL 18

Dann erfahre ich mehr. Über die alte Inschrift des Reiterdenkmals, die an den »Herero- und Hottentottenaufstand« erinnerte, aber natürlich nur der deutschen Opfer gedachte. Darüber, wie die Nachkommen dieser Deutschen jahrzehntelang zum Reiter pilgerten, hofiert von einem Regime, das dem Rassismus der früheren Kolonialherren in nichts nachstand. Wie der Anblick des Reiters viele Menschen in Namibia tief verletzte. Wie diese Menschen 1990 das Denkmal erkletterten, die Flagge der Freiheit hissten. Wie sie das Denkmal trotzdem nicht abrissen, um die Nachkommen der früheren Machthaber nicht zu sehr zu verletzten. Wie ihre gewählte Regierung es später an einen weniger sichtbaren Ort brachte, zum Ärger der nach wie vor sehr lauten deutschen Minderheit im Land.

»Man muss verstehen, dass es hier in Namibia überall sehr viele verletzte Gefühle gibt«, sagt Beatha. Sie ist eine junge Frau, *born free*, also nach 1990 geboren, hat nie unter rassistischen Herrschern leben müssen. Gleich neben dem sogenannten Tintenpalast, der heute das Unterhaus des namibischen Parlaments beherbergt, kommen wir am Sportstadion der renommierten Windhoek High School vorbei. »Hier durften während der Apartheid nur die weißen Kinder rein«, meint Beatha. »Die schwarzen Kinder lernten unterm Baum.« Bantu Education. Allein der Gedanke an diese Ungerechtigkeit mache sie noch immer »unglaublich wütend«. Wir erreichen den palmengesäumten Garten des Parlaments. »Diesen Männern hat Namibia viel zu verdanken«, sagt Beatha und zeigt mir drei kleine Statuen. Theophelus Hamutumbangela, Neffe eines wichtigen Ovambo-Königs, habe sich als Priester gegen das Apartheidsystem engagiert. Hendrik Samuel Witbooi, Enkel des großen Nama-Kapteins, habe sich einst unter anderem vehement gegen das Bantu-Schulsystem eingesetzt. Und schließlich Hosea Kutako, der Herero-Führer, der zusammen mit Sam Nujoma, dem späteren ersten Staatspräsidenten, eine Vor-

WINDHOEK

läuferorganisation der SWAPO gründete. Daten, Namen und Informationen sprudeln nur so aus Beatha heraus. Ich komme kaum mit und muss hinterher viel nachlesen.

Unser Stadtrundgang endet am Genozidmahnmal. Dort, wo vor einigen Jahren noch der deutsche Reiter stand, recken heute ein Mann und eine Frau zwei Fäuste in die Höhe. Die englische Inschrift auf dem Sockel lautet übersetzt: »Ihr Blut bewässert unsere Freiheit.« An den erhobenen Händen baumeln gesprengte Ketten, die mich an das Bildnis von Zanco Mpundu Motembo in Lusaka erinnern, auch wenn es in Sambia anders als in Namibia natürlich keinen Völkermord gegeben hat. Überhaupt fühlt sich in Namibia mit Blick auf die Geschichte vieles anders an als in den vorherigen Ländern meiner Reise. Erstens: Das Land wurde nicht nur einmal, sondern zweimal kolonialisiert. Zunächst von den Deutschen, dann von Südafrikas Apartheidregime. Zweitens: Das koloniale Zeitalter endete in Namibia viel später als überall sonst auf meiner Tour. Das spürt man, denn die Erinnerungen und persönlichen Bezüge sind gegenwärtiger. Drittens: Südwestafrika war, anders als die meisten Kolonien in Afrika, eine Siedlungskolonie. Die Menschen, die sich aus der Ferne hierher aufmachten, hatten es nicht nur auf die Schätze des Landes abgesehen, sondern kamen, um zu bleiben. Noch heute besitzen ihre Nachkommen hier Land, Firmen und Einfluss, was immer wieder zu Spannungen führt.

Auf der Mugabe Avenue spricht mich ein Mann an, der mich fast ein wenig an Uwe Seeler erinnert. »Früher war das hier die Leutweinstraße«, sagt er in so zackigem Deutsch, dass es mich zusammenzucken lässt. Auch wenn ich gar nicht danach gefragt habe, bekomme ich einen Vortrag über den Gouverneur und Schutztruppenkommandeur, der 1905 gehen musste, als Lothar von Trotha kam. Am Straßenrand zeigt mir der Mann dann einen Gedenkstein, auf dem »Ostdeutsche Provinzen unvergessen« steht. Ich muss kurz meine Gedanken sortieren. Hier scheint es allen Ernstes um die

KAPITEL 18

Ostgebiete des Deutschen Reiches zu gehen, Stifter des Steins ist ein Verein mit Namen *Ostpreußen in Südwestafrika*. »1989 haben die den hier aufgestellt«, sagt der falsche Seeler. »Wir haben hier in Afrika noch für urdeutsche Interessen gekämpft, da hat sich von den Verweichlichten in Berlin schon lange niemand mehr für unsere Weltkriegsvertriebenen interessiert.«

Urdeutsche Interessen? Verweichlichte in Berlin? Es wird nicht das einzige Mal bleiben, dass ich so etwas in Namibia von strammen Teutonen zu hören bekomme. Haben koloniales Erbe und die Apartheidjahrzehnte hier einen Haufen Ewiggestriger zurückgelassen? Es scheint fast so, auch wenn es natürlich jede Menge andere Deutschnamibier gibt: Menschen, die nicht rassistisch denken und sich in ihrem neuen Staat arrangiert haben. Menschen, die gar keine Nachfahren der Kolonialisten sind, sondern der Sonne oder der Natur wegen hierher ausgewandert sind. Menschen, die sich für die Geschichte des Landes interessieren, aber ihr deswegen nicht zwangsläufig auch hinterherweinen.

Für den Nachmittag habe ich mich mit Carsten Möhle verabredet, dem aus Deutschland nach Namibia ausgewanderten Reiseveranstalter, der sich auch als Paul-Graetz-Forscher einen Namen gemacht hat. Vor meinem Hotel halte ich nach ihm Ausschau. Zur vereinbarten Zeit kommt ein offener Geländewagenoldtimer die Independence Avenue heruntergezuckelt, am Steuer ein Mann im weißen Safarihemd, auf dessen Brust die Worte »Bwana Tucke Tucke« gestickt sind. So haben Einheimische einst Graetz genannt. »Bwana« ist eine swahilische Anrede, »Tucke Tucke« lautmalerisch für das Geräusch des Automotors. Carsten hat sein Unternehmen so genannt. »Ich wusste gar nicht, dass Paul Graetz noch lebt«, sage ich lachend, als ich die kleine Kette löse, die den Beifahrersitz sichert. »Ist doch ein super Auto, oder?«, strahlt Carsten zurück. Ich klettere auf den Landrover und schaue mir den Mann am Steuer genauer an. Ende fünfzig ist er, lange Haare, Dreitagebart. Er trägt

WINDHOEK

eine ultrakurze Hose und, jawohl, Wollsocken in Sandalen. Durch Windhoeks Zentrum fahren wir zu ihm nach Hause. »Da können wir jede Menge Kaffee trinken und reden.« Ich finde ihn gleich sympathisch. Ob es denn wirklich stimme, dass er schon mal in einer umgebauten Schrankwand den Kongo hinuntergepaddelt ist, frage ich. »Das ist nur eine von meinen Geschichten«, sagt Carsten und lächelt vielsagend. »Um Afrika wirklich kennenzulernen, muss man aus der eigenen Komfortzone raus.«

Lange sitzen wir in seinem Arbeitszimmer, in dem sich Bücher und jede Menge Papiere stapeln. Dass ich auf den Spuren von Graetz mit öffentlichen Verkehrsmitteln durch Afrika reise, findet Carsten »toll«. Er habe »die Route« auch »schon öfter gemacht«, allerdings mit dem eigenen Auto. Seit Jahren schon interessiere er sich für das Lebenswerk von Graetz, versuche jeden Aspekt, jedes Detail »auszurecherchieren«. Irgendwann will er eine »große Graetz-Biografie« vorlegen, vielleicht sogar eine Doktorarbeit. Woher das Interesse für diesen weitgehend unbekannten Abenteurer rühre, frage ich. Carsten überlegt kurz. Das habe durchaus etwas mit dem eigenen Lebensweg zu tun. Dieser sei dem von Graetz nämlich nicht unähnlich. Als ehemaliger Offizier der Bundeswehr komme auch er vom Militär, dazu die große Abenteuerlust, die Liebe zu Afrika. Außerdem sei Graetz ja »sowohl Pflichtmensch als auch Genussmensch« gewesen, was doch durchaus »eine sympathische Kombination« sei. Halb Forscher, halb Fan – Carstens Rechercheleistung ist in jedem Fall beachtlich. Parallel zu seinem eigentlichen Job hat er auf eigene Faust in Archiven gewühlt, Sekundärliteratur gewälzt und Originalschauplätze ausfindig gemacht. Er interviewte Graetz' dritte Ehefrau persönlich und hielt lange Kontakt zu Graetz' einziger Tochter. Dass er, wie schon einmal erwähnt, in ihrem Keller vor einigen Jahren jede Menge Dias und Filmrollen fand, ist zweifellos einer seiner größten Erfolge.

Carsten erzählt und erzählt. Mit Bezug auf die namibische Öffentlichkeit sei es ihm ein Anliegen, die Erinnerung an die »sport-

KAPITEL 18

liche Leistung« des Autopioniers aufrechtzuerhalten. So habe er 2009, zum hundertjährigen Jubiläum der Afrikadurchquerung, erfolgreich angeregt, dass Namibias Post eine Graetz-Sondermarke auflegte. »Das war die erste Briefmarkenedition, die in Namibia komplett vergriffen war.« Die namibische Regierung sei sehr angetan gewesen, freut er sich noch immer über den PR-Coup. In Swakopmund soll es bald sogar einen »Bwana-Tucke-Tucke-Platz« geben. Ist das nicht doch etwas zu viel der Ehre für einen wie Graetz? Ich erzähle Carsten von der Abneigung, die ich auf meiner bisherigen Reise immer wieder gegenüber dem Autor verspürte. Wie verstörend ich sein Weltbild beim Lesen fand und wie sehr mir die herablassende Wortwahl des kolonialen Herrenmenschen auf die Nerven ging. Überhaupt, wie selbstgerecht und brutal er für mich daherkam.

Carsten nickt leicht. »Du meinst das mit der Nilpferdpeitsche, oder?« »Das und vieles andere auch«, antworte ich. Carsten hält inne. »Natürlich war Graetz immer auch ein Kind seiner Zeit«, sagt er schließlich. Verglichen mit vielen anderen Figuren, die zur selben Zeit in ähnlichen Rollen unterwegs waren, müsse man aber sagen, dass Graetz fast schon »politisch korrekt bis zum Abwinken war«. Wie er das meine, frage ich. Nun, soweit er das überblicken könne, erklärt Carsten, sei Graetz in seiner Zeit als Schutztruppenoffizier in Ostafrika bei der lokalen Bevölkerung beliebt gewesen. »In den Gegenden, in denen er stationiert war, gab es später keine Aufstände.« Auf seinen Reisen habe er zudem echtes Interesse an Land und Leuten gezeigt. »Klar, er war überzeugter Kolonialist, aber wer war das damals denn nicht?« Auch nach seiner Zeit in Afrika habe er nichts getan, was ihn aus heutiger Sicht als Person diskreditieren würde.

Mich interessiert sehr, wie es weiterging. Carsten erzählt, dass Graetz nach seinen zwei Expeditionen eine Zeit lang in Europa ein echter Star war. Mit seinen Büchern, Fotos und Filmvorträgen

WINDHOEK

sei er durch die Gegend gereist und habe zum Beispiel im Berliner Hotel Adlon eine Dauersuite gehabt. Gemeinsam mit Briten und Holländern habe er 1914 eine Luftschiffexpedition nach Papua-Neuguinea geplant, die allerdings wegen des Ersten Weltkriegs nicht zustande kam.

Als 1914 der Krieg begann, habe sich Graetz freiwillig gemeldet und in der Luftwaffe gedient. Bereits 1915 aber sei er wieder Zivilist geworden, da er mit vierzig Jahren die Altersgrenze für Militärpiloten erreicht habe. Die Begeisterung für die Luftfahrt blieb. In den Zwanzigern habe es Graetz, der mit der Deutschen Aero-Lloyd zwischenzeitlich auch eine »Vorläuferfirma der Lufthansa« gründete, dann ins von den Niederlanden kolonialisierte Südostasien gezogen, wo er die erste Glasfabrik Indonesiens aufgebaut habe.

Als Graetz 1933 nach Deutschland zurückkehrte, kam Adolf Hitler gerade an die Macht. Unter anderem wegen seiner engen Kontakte nach Großbritannien habe der Abenteurer mit der neuen Führung schnell Probleme bekommen. Kurzzeitig habe er sogar im Gefängnis gesessen. In die NSDAP sei er nie eingetreten. Später sei es Graetz dann unmöglich gemacht worden, seine Afrikavorträge zu halten, erzählt Carsten. Im Bundesarchiv habe er ein entsprechendes Rundschreiben der Reichskulturkammer gefunden. Es sei »davon abzusehen, den Redner Paul Graetz zu engagieren«, weil sich dieser »des öfteren rednerische Entgleisungen zuschulden hat kommen lassen«.

Und dann? Nach dem Zweiten Weltkrieg habe Graetz kurze Zeit in seiner sächsischen Heimat gelebt, sei wegen seiner guten Englischkenntnisse allerdings von der sowjetischen Besatzungsmacht verdächtigt worden, für die Briten zu spionieren. Mit nur zwei Koffern, so Carstens Recherche, sei Graetz schließlich in den Westen geflohen. Dort sei dann auch sein letztes Buch erschienen: *Vom Kongo bis Sumatra: Gute Freundschaft in Übersee*. In diesem Werk habe Graetz übrigens die ein oder andere frühere Aussage,

KAPITEL 18

wie hart Kolonialmächte mit Kolonialisierten umzugehen hätten, relativiert, sagt Carsten und schaut mich an. Will er mich dazu bringen, meine Antipathie gegen Graetz zu überdenken? So oder so, ich muss das Buch unbedingt lesen. Wie so viele andere Bücher.

Wir streifen durch Carstens Bibliothek, die er in einem großen Container in seinem Garten untergebracht hat. Alte Reiseberichte, historische Arbeiten, Romane mit Afrikabezug. Hunderte, ja Tausende Bände, sortiert nach Ländern, Epochen und anderen thematischen Verknüpfungen. Uwe Timms Welterfolg *Morenga*, der sich mit deutscher Gewalt an Herero und Nama beschäftigt, steht hier selbstverständlich gleich neben den Schriften des russischen Anarchisten Kropotkin. Die habe Timms Protagonist Wenstrup schließlich in der Satteltasche dabeigehabt, sagt Carsten. Er ist hier in seinem Element, zieht immer wieder einzelne Bücher aus dem Regal, zeigt Quellen der Kolonialzeit: Briefe, Fotos, Karten, die er im Laufe der Jahrzehnte zusammengesammelt hat. »Ich muss endlich in Rente gehen, um diese ganzen Sachen mal aufzuarbeiten und aufzuschreiben.«

Carsten fährt mich zurück ins Zentrum. Auf einem Hügel über der Stadt darf ich ein paar Fotos von ihm und seinem Auto machen. »Falls du im September noch nichts vorhast, komm doch wieder nach Afrika«, sagt er. Als Reiseführer plane er eine große Bootsexpedition auf dem Kongo. »Auf den Spuren von Stanley, aber natürlich auch von Graetz.«

Kapitel 19
KEETMANSHOOP

»*The greatest regrets in our lives are the risks we don't take.*« Dieser Kalenderspruch steht auf dem Bus, den ich am Morgen Richtung Süden nehme. Obwohl weder der offensichtlich völlig übermüdete Fahrer noch sein Fahrzeug einen vertrauenerweckenden Eindruck machen, gehe ich das Risiko ein. Immerhin, vor der Abfahrt wird gebetet. »Lieber Gott, lass uns sicher am Ziel ankommen. Amen.«

Windhoek verschwindet im Rückspiegel, links liegt der Heldenacker, eine Gedenkstätte, die an Namibias Freiheitskampf gegen die Südafrikaner erinnert. Grabfelder, ein großer Goldsoldat sowie ein über allem in die Höhe ragender Obelisk. Nordkoreanische Architekten haben auch hier monumentale Arbeit geleistet. Wir lassen die Hügel der Hauptstadt endgültig hinter uns, vor uns liegen Hunderte Kilometer mehr oder weniger gerader Strecke. Der Süden Namibias ist das Land der Nama und in der Stadt Keetmanshoop, kurz vor der Grenze zu Südafrika, findet an dem bevorstehenden Wochenende ihr jährliches Volksfest statt. Es ist ein großes Ding. Von überallher reisen Nama an, um zusammen ihre Kultur zu feiern und auf ihre Geschichte zurückzublicken. Da will ich dabei sein, das will ich mir ansehen.

Um mein Glück im Straßenverkehr nicht überzustrapazieren, verzichte ich auf eine Nachtfahrt und beschließe, die Fahrt zu splitten. Auf halber Strecke mache ich Station in einem Nest, das den so überhaupt nicht afrikanischen Namen Mariental trägt. Ein deutscher Siedler namens Hermann Brandt hatte hier einst Nama-Führer Hendrik Witbooi eine Farm abgekauft und diese nach seiner

KAPITEL 19

Frau Maria benannt. Ich erfahre, dass Mariental heute eine Partnerstadt in China hat. Zhengzhou hat zwölf Millionen Einwohner, Mariental gerade mal fünfzehntausend. »Das passt irgendwie nicht zusammen«, sagt Otto. Finde ich auch.

Otto und ich sitzen in der einzigen geöffneten Bar der Stadt. Er arbeitet als Packer im lokalen Supermarkt und freut sich, dass er »der erste Nama« ist, den ich »persönlich kennenlernen darf«. Otto, das sei ja ein sehr deutscher Name, sage ich. »Ihr Deutschen und wir Nama sind verbunden durch unsere gemeinsame Geschichte«, erwidert er mit tiefer Stimme. Er wählt die Worte mit Bedacht, sein Blick ist gleichermaßen durchdringend wie milde. Sollte jemals ein Film über Otto aus Mariental gedreht werden, Morgan Freeman wäre die perfekte Besetzung. »Dein Name ist übrigens auch sehr schön«, sagt er. »Simon, das erinnert mich an Simon Kooper.«

Ich fühle mich geehrt. Simon Kooper ist eine der großen historischen Persönlichkeiten der Nama. Er schloss mit Gouverneur Leutwein einst einen Schutzvertrag, führte sein Volk aber später gegen die Deutschen in den Guerillakrieg, kämpfte Seite an Seite mit Witbooi, Morenga und anderen. 1907 wurde er gefangen genommen und im Konzentrationslager auf der Haifischinsel interniert. Dass er von dort entkommen konnte, glich einem Wunder. In der Kalahari aber war das Glück aufgebraucht. Die letzten Aufständischen waren den deutschen Soldaten unterlegen, Kooper setzte sich ab. Im Betschuanaland fand er bis zu seinem Tod 1913 Asyl.

Wir bestellen Bier, spielen Billard und reden. »Ich bin ein einfacher Mann. Erzähl mir alles, was du weißt.« Ich lache, aber Otto meint das ernst. Und so berichte ich ihm, dem Mann, der nach eigenem Bekunden »noch nie irgendwohin gereist ist«, stundenlang von meinem Leben in Bewegung und natürlich von der aktuellen Reise. Von dem Zug in Tansania, der Schiffsfahrt in Malawi, den ungezählten Minibuskilometern. »Minibusse sind unbequem«, sagt Otto und spricht dann über seinen Alltag. Wie

KEETMANSHOOP

er einmal beinahe den Job verloren habe, weil er in der Warenannahme vergessen habe, etwas zu quittieren. Wie er seitdem noch besser aufpasse. Wir trinken und schweigen eine Weile. »Stimmt es, dass mehr als siebzig Prozent der Erde von Wasser bedeckt sind?«; fragt Otto irgendwann. »Dass es viel ist, wusste ich«, sage ich und frage ihn, warum er nicht bei Google nachschaue, wie viel es genau ist. Mit dem Internet kenne er sich nicht aus, antwortet Otto, aber ihm habe das mal jemand erzählt, deswegen werde es schon stimmen. Es stimmt. Wir schweigen wieder und bestellen mehr Bier. Otto ist ein hervorragender Billardspieler, ich habe keine Chance gegen ihn. »Was war eigentlich zuerst da, das Wasser oder die Erde?« Gute Frage.

Am nächsten Morgen fährt kein Bus, kein Minibus, kein Zug. Ich gehe am »Fischfluss« entlang. Fish River, er heißt tatsächlich so. Fische sehe ich keine, aber immerhin ein paar Angler. Ich gehe raus aus der Stadt, zurück auf die B1, die nach Süden führt, halte den Daumen raus. Ein Polizeiauto hält neben mir, geleitet mich zurück zur Tankstelle. »Das ist hier viel zu gefährlich für Sie als … na ja, für Sie als Weißer.« Die Pause im Satz unterstreicht den niederschmetternden Inhalt der Aussage. »Schauen Sie, gleich da vorne ist die Location, da hätten Sie überfallen werden können«, sagt der Polizist. »Location«, so nennen sie in Namibia die Armenviertel aus der Zeit der Apartheid. In Südafrika heißen sie Townships, woanders auf der Welt Favelas, Shantytowns oder Slums.

»Ich wohne auch in der Location«, sagt ein älterer Mann namens Joseph, der mich schließlich in einem uralten Klappermercedes mit nach Keetmanshoop nimmt. Er hat eine bunte runde Mütze auf dem Kopf, was ihn als Menschen ausweist, der auf dem Weg zum Nama-Festival ist. Die ganze Fahrt über telefoniert er mit Verwandten. Auch wenn Otto der erste Mensch vom Volk der Nama war, den ich persönlich kennenlernen durfte, höre ich erst bei Joseph zum ersten Mal bewusst ihre Sprache. Die Klicklaute faszinieren

KAPITEL 19

mich. Es hört sich weniger wie ein Zungeschnalzen an, eher nach einem Klopfen, nach einem Trommeln auf hohlem Holz.

Ankunft am Mittag. Wieder eine deutsche Ortsmarke. Keetmanshoop ist benannt nach Johann Keetman, einem deutschen Industriellen, der allerdings nie hier war. Er finanzierte einst lediglich die Missionare, die in dieser Gegend die verschiedenen Nama-Stämme zum Christentum bekehren sollten. Nach den Missionaren kamen die Siedler und mit ihnen die Soldaten, an die hier auch heute noch ein Adler auf einer Säule erinnert. Gleich mehrere Plaketten künden von ihrem »Heldentod« im Kampf gegen »Aufständische«. Eine Ecke weiter steht ein Haus, auf dem »Kaiserliches Postamt« steht. Frauen in bunten Nama-Trachten laufen vorbei.

Das große Festival findet auf dem Gelände eines Sportstadions statt. Lange Schlangen von Autos stehen davor, darin hektische Männer auf Parkplatzsuche. Vor Ständen mit Kunsthandwerk sitzen Familien und Freunde zusammen, trinken Tee, machen Selfies. Habe ich mir das alles hier weniger modern vorgestellt? Traditioneller? Folkloristischer? Rückständiger gar? Wahrscheinlich habe ich einfach zu viel Graetz gelesen. Ich schaue der großen Pferdeparade zu. Reiter aller Nama-Stämme nähmen daran teil, wird mir gesagt. Es wird getanzt. Viel Beinarbeit, ein paar Drehungen, sehr geschmeidig. »Das ist Namastap«, erklärt mir jemand, aber ich scheitere beim Versuch, die Schritte auch nur ansatzweise nachzumachen. Dann spielt eine Kapelle ein stolzes Lied. Mit geschlossenen Augen singen viele Nama mit. Eine Frau, die auf der Tribüne neben mir sitzt, versucht mir den Text zu übersetzen:

Erhebet euch, erhebet euch, denn einmal mehr geht die Sonne auf. Und es weht ein Wind der Einheit.
Gottes Werk, ein andächtiges Volk. Eine Nation, die niemals verschwinden wird wie der Nebel vor der Sonne.

KEETMANSHOOP

Öffnet die Ohren, hört den Ruf eines großen Volkes. Ein Ruf, der Einheit verkündet.
Eine zungenschnalzende, stolze Nation. Menschen, gesalbt mit dem Blut der Unabhängigkeit. Eine Nation, standfest wie der Köcherbaum.
Nation der Nama, großartige Nation, afrikanische Nation, Gottes Nation. Niemals mehr werden wir uns beugen.

Etwa einhunderttausend Nama leben heute in Namibia. Verglichen mit den Ovambo, die fast die Hälfte der Bevölkerung ausmachen und politisch das Sagen haben, ist es eine kleine Gruppe. »Um uns zu behaupten, müssen wir eng zusammenstehen«, sagt Randall, ein junger Mann, der mir einen Tee ausgegeben hat. »In einem Volk, das einen Genozid überlebt hat, sind Zusammenhalt und die Besinnung auf ein gemeinsames kulturelles Erbe besonders wichtig.«

Die Debatte über den Völkermord der Deutschen ist hier tatsächlich sehr präsent. »Wir Nama kennen alle ein Gefühl des Misstrauens, das wir als Nation seit einhundertfünfzehn Jahren mit uns herumtragen«, erklärt Justine, eine Psychologiestudentin, die sich mit der Erforschung generationenübergreifender Traumata befasst und gleich neben dem Eingang zum Festgelände einen Vortrag hält. »Was, wenn wir wieder Opfer werden?« Diese Frage werde von Generation zu Generation weitergegeben. Alkoholsucht, familiäre Gewalt, emotionaler Stress: All das seien Dinge, mit denen Gesellschaften, die einen Völkermord erleben mussten, besonders stark zu kämpfen hätten, sagt die Wissenschaftlerin. »Die Geschichte schmerzt so sehr«, sagt eine Zuhörerin.

Dass ich als Reisender aus Deutschland das Nama-Festival besuche, finden alle, mit denen ich mich unterhalte, großartig. »Wir Menschen müssen doch miteinander reden«, meint einer der Organisatoren. Umso bedauerlicher sei es, dass von den Nachkommen

KAPITEL 19

der Deutschen in Namibia auch dieses Jahr wieder kaum jemand da sei. »Aber auch die deutsche Politik hat viele von uns enttäuscht.« Was genau meint er? »Natürlich die Sache mit den Reparationszahlungen.«

Es ist das R-Wort, das der Führung meines Heimatlandes nicht über die Lippen kommt. Im Mai 2021 schloss die Bundesregierung unter Angela Merkel zusammen mit der namibischen Regierung ein Versöhnungsabkommen ab. In diesem bekannte sich Berlin zu den deutschen Kolonialverbrechen und erklärte sich dazu bereit, in den nächsten dreißig Jahren etwas mehr als eine Milliarde Euro nach Namibia zu überweisen. Der deutsche Außenminister nannte das eine »Geste der Anerkennung des unermesslichen Leids«. Es sei wichtig, dass man »ohne Schonung und Beschönigung« von Völkermord spreche. Allerdings gilt: Deutschland erkennt den Völkermord nur historisch, nicht aber völkerrechtlich an. Anstatt echter Reparationen, die uns wohl weitaus teurer zu stehen kämen, zahlen wir eine Art freiwillige Extraentwicklungshilfe.

In Namibia sorgt das Abkommen bei vielen Vertretern der Nama und Herero nach wie vor für großen Ärger. Die Frage, um die es eigentlich gehe, nämlich wie sie für verlorenen Landbesitz entschädigt werden könnten, sei nicht beantwortet worden. Auch beschweren sie sich darüber, dass sie als Angehörige der betroffenen Volksgruppen nicht stärker an den Verhandlungen beteiligt worden seien. Von der namibischen Regierung, die ja vor allem von der Ovambo-Ethnie dominiert wird, sehen sie sich nicht ausreichend repräsentiert. »Was wird denn unsere Regierung mit dem Geld machen, das sie von den Deutschen bekommt?«, fragt mich eine Frau. »Kommt das dann wirklich uns Nama zugute oder bezahlen unsere korrupten Politiker damit lieber wieder irgendwelche asiatischen Baufirmen, die uns dann komische Bauwerke in die Landschaft setzen?« Ich verstehe sie, sehe aber auch ein, dass deutsche Diplomaten nicht einfach über die Köpfe der gewählten

KEETMANSHOOP

namibischen Regierung mit ethnischen Verbänden verhandeln können. Erst recht nicht, wenn diese Verbände auch noch untereinander zerstritten sind.

Was denn die deutsche Regierung jetzt vorhabe, werde ich gleich mehrmals gefragt. Ich weiß es nicht. Die Aussöhnung mit Namibia bleibe »eine unverzichtbare Aufgabe, die aus unserer historischen und moralischen Verantwortung erwächst«, zitiere ich den Koalitionsvertrag der aktuellen deutschen Regierung, den ich mir noch auf der Fahrt nach Keetmanshoop via Tankstellen-Wifi aufs Handy geladen habe. Das Versöhnungsabkommen mit Namibia könne »der Auftakt zu einem gemeinsamen Prozess der Aufarbeitung sein«, heißt es da weiter. Nach mehr als einem Jahrhundert also der Anfang einer Aufarbeitung? Zeit wird's. In einem Land, in dem an so vielen Orten auf so verschiedene Weise die Zeit stehen geblieben zu sein scheint.

Nur einen kurzen Gang vom Nama-Festival entfernt fällt mir am Abend ein Restaurant mit dem Namen »Schützenhaus« ins Auge. Ein Schild in altdeutscher Schrift besagt, dass es hier schon 1907 einen »Knobelklub« gegeben habe. Wäre Paul Graetz seinerzeit durch Keetmanshoop gekommen, er hätte hier einkehren können. Ich gehe rein und setze mich an die Bar. Während Herero und Nama in Konzentrationslagern verhungerten, knobelten hier einst also Siedler und Schutztruppensoldaten um die Wette? So oder so ähnlich muss es wohl gewesen sein.

Heute läuft auf einem kleinen Fernseher ein Helene-Fischer-Konzert. Neben einer schwarz-rot-goldenen Fahne mit Bundesadler hängen schwarz-weiß-rote Fahnen, auf denen »Krieger-Verein Keetmanshoop« und »für Kaiser und Reich« geschrieben steht. Man spricht Deutsch, sowohl hinterm als auch vorm Tresen. Geknobelt wird auch immer noch. Ein paar Männer in kurzen Hosen knallen ihre Würfelbecher auf den Tresen. Ihre dicken Bäuche wippen, wenn sie mit großen Gesten die kleinen Gläser mit dem Jägermeister in

KAPITEL 19

die Höhe recken. »Prost, Männer«, rufen sie sich zu, dann klopfen sie auf Holz, bevor sie den Kräuterschnaps hinunterkippen.

»Das sind die Herren, denen hier rund um die Stadt viel Land gehört«, sagt ein Mann neben mir. Er isst, wie es sich für diesen gewöhnungsbedürftigen Ort offenbar gehört, eine riesige Portion Eisbein mit Kartoffelbrei. Zugehörig fühlt er sich aber trotzdem nicht. »Schau dich doch um«, sagt er, »ich bin hier der einzige Schwarze.«

Ich schaue und höre mich um. Die deutschen Zahlungen an Herero und Nama sind auch hier ein Thema. »Ich kann das nicht verstehen, dass da nach so vielen Jahren noch Rechnungen offen sein sollen«, sagt ein älterer Herr, der zusammen mit seinem Freund auf der Durchreise nach Swakopmund ist. »Man muss die Vergangenheit auch mal Vergangenheit sein lassen oder aber die ganze Geschichte erzählen.« Sein Kumpel hier, das sei »ein echter Südwester«, dessen Vorfahren seien damals von den Herero misshandelt worden. »Die haben uns Deutschen die Ohren abgeschnitten«, sagt der Kumpel, »aber das will ja heute keiner mehr wissen.« Dann schwelgen beide in Erinnerungen an die Apartheidjahre, als »Polizisten die Kriminalität im Griff hatten«, »die Städte noch sicher waren« und »man als Weißer noch nicht um sein Leben fürchten musste«.

Ein weiterer Gast schaltet sich ein. Von ihm aus könne die deutsche Bundesregierung ja gerne Geld nach Namibia überweisen, aber dann müsse hier eben auch »Ruhe sein«. Das Schlimmste wäre, »wenn jetzt die ganze Landbesitzdiskussion weiter Fahrt aufnimmt«. Zustimmendes Gemurmel. Ich lerne, dass Keetmanshoop wie einige andere Städte Namibias inzwischen von einem Bürgermeister des *Landless People's Movement* regiert wird. Das ist eine 2019 gegründete Partei, die sich für die Rechte von Landlosen einsetzt und die Enteignung von Farmbesitzern fordert. Nicht nur Nachfahren deutscher Kolonialisten ist die Bewegung ein Dorn im Auge. Ich muss an meine Begegnungen im Norden des Landes

KEETMANSHOOP

denken. An den schwermütigen Buren, der mir in Katima unfreiwillige Einblicke in sein rassistisches Weltbild gab. Auch er hatte vor einer Landreform gewarnt.

Es wird still im Schützenhaus, als ich einen der Schnapstrinker frage, ob er denn nicht zumindest ein bisschen verstehen könne, dass sich viele Menschen in Namibia von der zutiefst ungerechten Vergangenheit ihres Landes betrogen fühlen. Dass sie Entschädigung fordern für historisches Unrecht. Dass sie Land besitzen wollen, das ihren Vorfahren weggenommen wurde. »Nein, so einfach ist das nicht«, entgegnet er achselzuckend. »Aber das versteht man als Weißer wahrscheinlich nur, wenn man in Namibia lebt und hier aufgewachsen ist. Politisch korrekte Besserwisser aus dem Ausland können wir hier wirklich nicht gebrauchen.« Ich habe verstanden und halte die Klappe. Keine Lust auf Streit, auch wenn es schwerfällt.

Später flüstert mir dann noch ein besonders stolzer Südwester zu, dass er versuchen werde, einen Teil der für die Nama und Herero bestimmten Wiedergutmachungszahlungen selbst abzugreifen. »Ich werde einfach ein paar Alibi-Nama einstellen und die für das ein oder andere Projekt Fördergelder vom Staat beantragen lassen. Wenn das Geld da ist, kann ich sie dann ja wieder entlassen.« Alibi-Nama? Ich schaue ihn ungläubig an. Da ist sie wieder, die bleierne Schwere, die ich in Namibia auf dieser Reise schon einige Male gespürt habe. Und die mich hier auch in den nächsten Tagen noch weiter begleiten sollte.

Kapitel 20
LÜDERITZ

Noch 335 Kilometer bis zum Meer, so steht es auf dem Straßenschild. Ich bin reif für meine letzte Etappe. Weil nur einmal am Tag, irgendwann am Nachmittag, ein Minibus von Keetmanshoop nach Lüderitz fährt, versuche ich es am Morgen per Anhalter. Am Ortsausgang warte ich zusammen mit ein paar anderen Gestalten. Wohnmobile und andere Touristenvehikel rauschen vorbei. Selbstfahrerrundreisen sind seit der Coronapandemie ein Hit in Namibia. »Du siehst zwar nicht aus wie ein Tourist, aber wegen deiner Hautfarbe nehmen sie dich vielleicht mit«, sagt eine Frau, die sich wegen der Morgenkälte in eine Wolldecke gehüllt hat. Nein, keine Chance. Auch mich nimmt hier heute niemand mit. Liegt es an meinem zunehmend zerknitterten Erscheinungsbild? Vielleicht. Ich habe schon eine Weile keine Wäsche mehr gewaschen.

Ein paar Stunden später sitze ich mit den anderen verhinderten Trampern zusammen im bereits erwähnten, ein Mal am Tag verkehrenden Minibus. Unser Fahrer raucht eine Zigarette und ich hole das alte Buch von Paul Graetz aus meinem Rucksack. Anders als ich ist er damals ja nicht auf dem Weg nach Lüderitz gewesen, sondern von Windhoek aus auf mehr oder weniger direktem Weg nach Westen gefahren. Sein Ziel war das Seebad Swakopmund am Atlantik. Davor lag der älteste Sandkasten der Welt, die Namib.

> Immer mehr und mehr schwand das Wachstum des Bodens, nur noch einige Wolfsmilchsträucher, auch diese werden seltener, dünner; schließlich ist auch kein Grashalm mehr zu

LÜDERITZ

erspähen. Öde und Leere ringsum. In leichten Wellenlinien erscheint diese Felswüste wie ein versteinertes Meer. Die einzigen Ruhepunkte für das Auge sind der Bahnkörper und die Telegraphenleitung, die hier und da auftauchen.

Auch wenn ich ein paar Hundert Kilometer weiter südlich unterwegs bin als Graetz, kann ich seine Worte gut nachempfinden. Nach einem kurzen Stopp auf einer Farm, auf der eine Familie Gebäck und Trockenfleisch verkauft, haben auch wir die Namib erreicht. Wie bei Graetz ist es auch hier nur die Bahnlinie neben der Piste, die noch an menschliche Zivilisation erinnert. Die Deutschen ließen die Gleise einst verlegen. Viele Zwangsarbeiter bezahlten die Schufterei mit ihrem Leben.

Wir fahren rein in den Staub. Rundherum Sandberge, auf deren Rücken Oryx-Antilopen bizarre Reihen im Gegenlicht formen. Gespenstisch sieht das aus, aber auch bezaubernd. Irgendwann tauchen die Umrisse der Geisterstadt Kolmanskuppe auf. Ist es eine Fata Morgana? Nein, die Häuser sind echt. Hier wurden einst unzählige Diamanten aus der Erde geholt. Für kurze Zeit war Kolmanskuppe deshalb sogar die reichste Stadt Afrikas. Irgendwann gab der Boden nichts mehr her und die Menschen zogen weiter. Zurück blieben ein paar verlassene Ruinen, durch die der Wind der Zeit pfeift.

Noch eine Biegung, dann noch eine, dann noch eine. Irgendwann liegt er einfach vor uns, der ersehnte Ozean. Vor so vielen Wochen habe ich mich in Daressalam in Tansania vom Meer verabschiedet, jetzt sehe ich wieder Wellen und Strand. Ich merke auf einmal, wie erschöpft ich bin, und frage mich, wie Graetz sich wohl gefühlt haben muss, als er nach fast zwei Jahren unterwegs sein Ziel so unmittelbar vor sich sah. Die entsprechende Passage im Buch ist erstaunlich kurz: »Die Sonne stand schon tief, da glitzerte das Meer über der grauen starren Namib. Ein dreifaches Hurra brauste über

KAPITEL 20

das Feld, und vor uns, wie aus einem Baukasten am Strande des Meeres hingebaut, lag Swakopmund, unser heisserkämpftes Ziel.«

Auch mein Ziel wirkt wie einem Modellbaukasten entsprungen. Die Kirche, die Kaufmannshäuser, der Bahnhof. An einem Hang prangt in großen Buchstaben der Name der Stadt. »Genau wie in Hollywood«, sagt der Passagier neben mir und verzieht keine Miene. Ein guter Scherz ist es trotzdem, denn rein gar nichts ist hier kalifornisch glamourös. Lüderitz fühlt sich vielmehr an wie das Ende der Welt. Ein paar Menschen, ein paar Straßen, eingeklemmt zwischen Wüste und Meer. Als ich aussteige, gibt es für mich kein Hurra, weder ein dreifaches noch ein einfaches. Niemand sieht mir an, was für eine Strecke ich in den Gliedern habe.

Während Graetz das Gaspedal noch einmal durchdrückte und sein Automobil unter dem Applaus der Swakopmunder »hinunter zum Meer« fuhr, »auf dass die brandenden Wogen des Atlantischen Ozeans unsere Pneumatiks bespülen«, laufe ich die paar Meter hinunter zum Hafen. Fischer tragen ihren Fang des Tages in eine kleine Kühlhalle. Am Horizont braut sich ein Sturm zusammen. »Angra Pequena«, »kleine Bucht«, so hatte der portugiesische Seefahrer Bartolomeu Dias diesen Ort einst genannt. Nach Dias sollte es noch fast vierhundert Jahre dauern, bis die Deutschen hierherkamen.

»Das von mir ins Auge gefaßte Land liegt zwischen dem großen und dem kleinen Fischflusse, also zwischen dem 26. Grad und 29. Grad südl. Breite.« Diese Worte schrieb der Bremer Tabakhändler Adolf Lüderitz im November 1882 an das »hohe Kaiserliche Auswärtige Amt« in Berlin. Zwar seien die Meilen hinter der Küste »sandig und steril«, aber das sei nicht so schlimm. »Hinter diesen Hügeln beginnt fruchtbares Land. Die Eigentümer desselben sind Namaquas, von deren Häuptlingen ich das Besitzrecht erwerben werde.« Genau so kam es dann auch. Schon ein Jahr nach Lüderitz' Ankündigung unterzeichneten die ersten Einheimischen undurchsichtige Verkaufsverträge und die Siedler erwarben mehr und

LÜDERITZ

mehr Land. 1884 stellte Kanzler Bismarck Südwestafrika als erstes Überseegebiet unter den »Schutz des Reiches«. Es war der Anfang der kurzen, aber heftigen deutschen Kolonialgeschichte, die mich nun schon so lange auf meiner Reise begleitet.

Ich klettere über ein paar Felsen. »Willkommen auf Shark Island«, sagt ein Mann, der hier gerade ein Ferienhaus renoviert. Die Haifischinsel ist eine Halbinsel. Gleich hinter dem Hafenbecken formieren sich Felsen zu einer etwas mehr als zwei Kilometer langen Landzunge. Seevögel fliegen umher, Wellen brechen an den Steinen. Ein Weg führt zur äußersten Spitze der Halbinsel, auf der sich ein Campingplatz befindet. Glaubt man den Bewertungen im Internet, genießt der keinen sonderlich guten Ruf. »Zu windig«, schreiben viele von denen, die hier schon mal übernachtet haben. Ein einsames Zweimannzelt steht schlecht geschützt neben einem der Pfade. »Wie ist der Urlaub hier?«, frage ich das Pärchen, das gerade den Reißverschluss des Zelteingangs öffnet. »Zu windig«, sagen sie.

Zu windig? Mich erinnert das an eine Bewertung, die ich ein paar Tage zuvor in meiner Zeitzeugen-Archivsammlung gelesen habe. »Das Klima ist zu ungünstig«, hatte 1905 ein gewisser Emil Laaf über die Haifischinsel geschrieben. Damals befand sich dort allerdings kein Campingplatz, sondern ein deutsches Konzentrationslager. Laaf lebte als Missionar in der Lüderitzbucht. Entsetzt über die Zustände im Lager, in dem seine Landsleute Teile der einheimischen Bevölkerung einsperrten, schrieb er einen Brief an die Rheinische Missionsgesellschaft:

> Eine große Zahl der Leute ist krank, meist an Skorbut, und es sterben wöchentlich 15–20. Samuel Izaak, der mein Dolmetscher ist, sagte mir unlängst, daß seit dem 4. März, an welchem Tage er sich den Deutschen gestellt hatte, 517 von seinen Leuten gestorben seien. Heute ist diese Zahl noch größer.

KAPITEL 20

> Von den Herero sterben ebenso viele, sodass man im ganzen durchschnittlich wöchentlich 50 rechnen kann. Wann wird dieser Jammer ein Ende nehmen?

Ich lese, dass unter Historikern heute eine Diskussion darüber entbrannt ist, ob die Konzentrationslager in Südwestafrika als Vorläufer der Konzentrations- und Vernichtungslager im Dritten Reich zu sehen sind oder nicht. Während manche Geschichtswissenschaftler eine direkte Linie »von Windhuk nach Auschwitz« ziehen, sagen andere, dass die Deutschen in der Kolonialzeit anders als später in der Nazizeit das Massensterben in ihren Lagern nicht im großen Stil geplant, sondern »nur« in Kauf genommen hätten. Insassen seien nicht gezielt vernichtet, sondern einfach nur schlecht versorgt, zu todbringender Arbeit gezwungen oder krank sich selbst überlassen worden. Viel besser macht es das wohl auch nicht.

»Ja, es ist ein Ort der Toten«, erklärt mir eine Frau, die offenbar in der Campingplatzverwaltung arbeitet. »Hier haben sie früher die Leichen unserer Vorfahren ins Meer geworfen.« Sie sagt das ohne hörbare Emotionen in der Stimme, raunt es fast beiläufig. Ich sehe mich um. An die grausame Geschichte dieses Ortes erinnert hier so gut wie nichts. Zwei Pflöcke im Meer sollen Überreste des alten Lagerzauns sein, erzählt mir die Frau, um dann hinzuzufügen: »Vielleicht sollte hier endlich mal ein Denkmal stehen.«

Es ist nicht so, dass es auf Shark Island keine Denkmäler geben würde. Sie erinnern bloß an andere Personen und Gegebenheiten. Neben einem Adolf-Lüderitz-Monument, das der Senat der Hansestadt Bremen 1953 errichten ließ, erinnert eine Plakette an den brasilianischen Extremabenteurer Amyr Klink, der 1984 von hier aus aufbrach, um als erster Mensch der Welt über den Südatlantik zu rudern. Es gibt einen Friedhof für deutsche Soldaten, die 1976 vom Berg Nautilus hierher umgebettet wurden. Ein Denkmal immerhin erinnert an den Nama-Führer Cornelius Fredericks, der

LÜDERITZ

hier mit seiner Familie 1906 starb. Darüber, dass hier zur selben Zeit auch Tausende andere Nama ums Leben kamen, erfahren Besucher nichts*.

Es geht zurück in die Stadt, wo ich das kleine örtliche Museum besuche, das nicht aus öffentlicher Hand, sondern offenbar vor allem mit Privatspenden der deutschen Minderheit finanziert wird. Ich will mich erkundigen, warum sich Lüderitz so schwertut mit der Erinnerung an das Lager auf Shark Island. Was ich nicht erwartet hätte: Auch im Museum selbst findet sich keinerlei Hinweis auf dieses zweifellos zentrale Kapitel der Stadtgeschichte. Keine Zeile. Kein Bild. Nichts.

Habe ich irgendetwas übersehen? Mehrere Runden drehe ich durch den vollgestopften Ausstellungsraum. Ich finde Reichskriegsflaggen und jede Menge Schutztruppen-Memorabilia, sogar einen Stein, mit dem deutsche Soldaten 1904 »ihr Lieblingspferd Luise« geehrt haben sollen. In den Vitrinen sehe ich Kristalle aus der Gegend und Eier vom Graubürzel-Singhabicht, einem Vogel, der hier offenbar beheimatet ist. An den Wänden finde ich ein Porträt von Bartolomeu Dias, jede Menge alter Urkunden aus der Zeit von Adolf Lüderitz und einen Schaukasten mit Stammeswerkzeugen der Ovambo, Herero und Nama. Zu den Verbrechen der Deutschen an der einheimischen Bevölkerung finde ich nichts.

»Warum gibt es hier nichts zum Konzentrationslager auf der Haifischinsel?«, frage ich die ältere Dame, die an einem kleinen Tisch am Eingang sitzt und mich vor wenigen Minuten noch freundlich in fließendem Deutsch begrüßt hat. »Wenn Sie irgendetwas wissen wollen, sprechen Sie mich einfach an«, hat sie gesagt. Jetzt wirkt sie unsicher. »Konzentrationslager? Was meinen Sie?«

---

* Anmerkung des Autors: Einige Zeit nach meiner Reise, am 22. April 2023, wurde auf Shark Island übrigens doch noch ein Mahnmal enthüllt. Der neue Gedenkstein erinnert an die Verbrechen der Deutschen an den Nama.

KAPITEL 20

Es tut mir leid, dass ich sie in Verlegenheit gebracht habe. »Na ja, die vielen Menschen, die gleich da drüben auf Shark Island im Lager der deutschen Kolonialherrscher umgekommen sind«, erkläre ich. »Manche Schädel der Toten wurden sogar nach Deutschland geschickt zur sogenannten Rassenforschung. Die Berliner Charité hat erst vor ein paar Jahren einige dieser Köpfe zurück nach Namibia geschickt. Davon haben Sie doch bestimmt gehört.« Sie rutscht auf ihrem Stuhl hin und her. »Wissen Sie, ich bin ja hier gar nicht die Museumsleitung.« Ich merke, dass sie sich über mich ärgert. »Wir wollten hier in diesem Museum einfach keine Kriege zum Thema machen«, sagt sie schließlich. »Deswegen finden Sie hier bei uns dazu auch nichts.«

So einfach will ich sie nun doch nicht davonkommen lassen. Ich zeige ihr eine Reihe von Ausstellungsstücken, die nicht nur etwas mit Krieg, sondern sogar etwas mit Kriegsgefangenen zu tun haben. Zum Beispiel Namensschilder deutscher Soldaten, die im Ersten Weltkrieg im englischen Kriegsgefangenenlager Aus, etwa einhundert Kilometer östlich von Lüderitz, untergebracht waren. »Das ist etwas anderes«, sagt sie. »Weil es sich um deutsche und nicht um afrikanische Gefangene handelt?«, frage ich zurück. Nein, aber man wisse doch gar nicht, was da früher auf Shark Island wirklich genau passiert sei, entgegnet sie. »Glauben Sie doch nicht alles, was die Nama Ihnen da auf dem Campingplatz erzählen. Viele von denen mögen einfach keine Weißen.«

Ich bin erschüttert, versuche mir das aber nicht anmerken zu lassen. Hier gehe es »doch nicht um ein paar fragwürdige Anekdoten einer Volksgruppe«, sage ich. Viele renommierte Historiker hätten sich mit den deutschen Konzentrationslagern in Südwestafrika befasst, deren Existenz und Details klar beschrieben. Ich nenne ein paar Buchtitel, erzähle vom Unabhängigkeitsmuseum in Windhoek, in dem auch ein historisches Foto vom Lager auf der Haifischinsel hängt. Dann erzähle ich ihr noch, dass ich die letzten

LÜDERITZ

Tage viel Zeit auf dem Nama-Festival in Keetmanshoop verbracht hätte. »Vielen Menschen dort ist das Gedenken an das, was ihren Vorfahren angetan wurde, sehr wichtig«, erkläre ich. »Ach ja, das ist schon alles sehr schrecklich«, beschwichtigt sie schließlich in einem Ton, der wohl versöhnlich klingen soll. Weiter diskutieren mag sie trotzdem nicht. Wenn ich mehr Informationen haben wolle, müsste ich mit der Museumsbesitzerin sprechen. Die allerdings sei auch schon betagt und leider gerade nicht in der Stadt. Überhaupt: Die Zahl der Deutschen in Lüderitz werde ja leider immer kleiner. »Wer soll denn dann in Zukunft hier noch unsere Geschichte erzählen?«

Ich verlasse das Museum der selektiven Geschichten. Ein ziemlich beklemmender Ort, dieses Lüderitz, finde ich. Leute, die an ein Konzentrationslager erinnern, und Leute, die dessen Existenz verschweigen. Auf den ersten Blick leben sie alle hier harmonisch zusammen. Trügt die Stille vor den Kulissen? Wie viel Lärm verbirgt sich dahinter?

Um mit dem kolonialen Erbe aufzuräumen, entschied Namibias Präsident im Jahr 2013, Lüderitz solle in !Nami‡Nûs umbenannt werden. Ein Wort voller Klicklaute, das in einer Nama-Sprache angeblich so etwas wie »Ort, der vom Wasser umschlungen ist« bedeutet. So nannten die Einheimischen einst die Gegend, bevor die Europäer kamen. Nun also wieder !Nami‡Nûs? Nicht nur die deutsche Minderheit begehrte gegen den Plan auf, auch vielen anderen Namibiern ging er zu weit.

»Man kann doch nicht einfach Städte umbenennen und dann glauben, dass man damit irgendwelche alten Ungerechtigkeiten löst«, sagte mir ein Nama auf der Fahrt im Minibus nach Lüderitz und bekam dafür spontanen Applaus seiner Mitfahrer. Inzwischen gibt es offenbar so etwas wie einen inoffiziellen Kompromiss. Fast jeder in Lüderitz sagt weiter Lüderitz, nur der Landkreis drumherum heißt jetzt !Nami‡Nûs. Zumindest erklären sie mir das hier so.

KAPITEL 20

Ich gehe durch den Abendwind, der mit jeder Straßenkreuzung kälter zu wehen scheint. Vor einem offenbar schon seit längerer Zeit geschlossenen Hotel an der Ecke zwischen Dias Street und Bismarck Street bleibe ich stehen. Die ehemalige Hotelbar ist heute ein Klub der namibischen Marine. »Seid ihr Matrosen?«, frage ich einen Bären von einem Mann, der in der Tür steht. »Nein, wir sind Diamantentaucher«, sagt der Bär, der eigentlich Eliah heißt. »Diamantentaucher, wirklich?« – »Ja, Diamantentaucher!« Ich kann meine Begeisterung kaum verbergen. Gibt es einen Job auf der Welt, der nach mehr Abenteuer klingt als Diamantentaucher? Ich wüsste nicht, welchen. »Ja, wir sind schon verrückte Typen«, bestätigt Eliah und blickt sich um. Es ist eine Runde verwegener Gestalten, die sich um ihn versammelt hat. Abgekämpft, aber sichtlich voller Lebenslust. Sie könnten auch eine Rugbymannschaft nach einem großen Spiel sein.

Vor Kurzem seien einige von ihnen vom Einsatz auf See zurückgekommen, erfahre ich. Nein, nicht hier vor Lüderitz, sondern weiter unten, in Höhe der Grenze zu Südafrika, wo der Oranje ins Meer mündet und große Schiffe mit Spezialtechnik den Meeresboden absuchen. Bewaffnet mit Pumpen und Waschtrommeln ziehen die Tauchertrupps los, brechen mit Stemmeisen in der Tiefe dicke Felsbrocken aus dem Meeresgrund. Im Kies liegen sie dann, die Rohdiamanten. »Für dieses Funkeln tun wir alles«, sagt Eliah. Weil immer mehr Minen an Land versiegen, sei die Diamantensuche unter Wasser ein Geschäft mit Zukunft.

»Es ist ein Knochenjob, nicht ungefährlich«, erklärt Hans, ein sanftmütiger Riese, der einst aus Österreich ausgewandert ist, um hier an der Diamantenküste sein Leben umzukrempeln. Ich kann ihn nur schwer verstehen, denn er spricht eine Mischung aus Deutsch und Afrikaans und hat vielleicht auch schon einige Bier zu viel getrunken. »Komm, wir bestellen noch eines«, sagt ein Mann, den alle nur »Uncle Billy« nennen. »Solange beim

LÜDERITZ

Tauchgang keiner draufgeht, haben wir immer was zu feiern«, schaltet sich noch ein anderer aus der Gruppe ein. Das Gebrabbel und Gelächter verstummen, alle nicken. Ja, sie hätten schon viel zusammen erlebt. Und nein, so richtig reich sei noch keiner von ihnen geworden. Aber man könne schon ganz gut leben vom Diamantengeschäft.

Ich schaue ihnen in die von Natur und Leben gezeichneten Gesichter. Hans, Eliah, Onkel Billy, all den anderen Typen. Es ist eine im wahrsten Sinne des Wortes bunte Truppe, die hier zusammensteht. Verschiedene Hautfarben, verschiedene Sprachen. »Wir sind wie Brüder, nur mit unterschiedlichen Müttern und Vätern«, sagt Eliah und legt Hans den Arm um die Schulter. Hans bekommt feuchte Augen. Nein, in einem Land wie Namibia sei so eine Beziehung alles andere als selbstverständlich. »Wir sind Freunde fürs Leben, so unwahrscheinlich das hier auch sein mag.«

Warum ich mich so für Namibias Geschichte interessiere, fragen sie mich. Ich berichte von meiner Paul-Graetz-Gedächtnistour. Das müsse damals tatsächlich eine interessante Zeit gewesen sein, sagen beide und erzählen mir, was sie über die Vergangenheit ihrer Heimat wissen. Vieles dreht sich dabei um einen Namen: Zacharias Lewala. So hieß der Mann, der im April 1908 – Graetz war damals noch irgendwo in Nordrhodesien unterwegs – den ersten Rohdiamanten oben in Kolmannskuppe fand. Lewala war ein afrikanischer Gleisarbeiter, der mit Edelsteinen nichts am Hut hatte. Seinen Fund übergab er pflichtschuldig an seinen Chef, den deutschen Eisenbahnmeister August Stauch, der sich daraufhin gleich einen großen Claim sicherte. Stauch wurde Millionär, Lewala blieb arm. Im Navy-Klub von Lüderitz haben sie diese Geschichte schon oft erzählt. Was sie daran so fasziniere, frage ich. »Es geht einfach um alles«, sagt Hans. »Um Glück, Unglück, Schicksal, die Ungerechtigkeit des Lebens.« – »Ist es eine typisch afrikanische Geschichte?«, frage ich. »Keine Ahnung, wie du das meinst«, sagt er.

KAPITEL 20

An meinem letzten Tag in Lüderitz gehe ich hoch zur Felsenkirche. Teutonisch trotzig überragt sie diese seltsame Stadt. Die Sonne verschwindet gerade hinter dem Meer, die kolonialen Steinhäuser glänzen im orangefarbenen Abendlicht. In der Ferne glitzern keine Diamanten, sondern die Wellblechdächer der Armenviertel. Ich trete ein. Gleich neben der Tür verkauft die Gemeinde Postkarten, auf denen das sogenannte Südwesterlied abgedruckt ist, noch immer so etwas wie die inoffizielle Hymne der Deutschnamibier.

> Hart wie Kameldornholz ist unser Land
> und trocken sind seine Riviere.
> Die Klippen, sie sind von der Sonne verbrannt,
> und scheu sind im Busche die Tiere.
> Und sollte man uns fragen:
> Was hält euch denn hier fest?
> Wir könnten nur sagen:
> Wir lieben Südwest!

»Es gibt davon eine sehr schöne Version von Heino bei Youtube«, sagt ein Kirchenbesucher, der mich den Text des Liedes studieren sieht. Er trägt eine beigefarbene Rentneruniform und spricht akzentfrei Deutsch. Ein Südwester oder ein Tourist? Ach, ich will es gar nicht wissen, habe ich doch schon genug schräge Gespräche geführt in den letzten Tagen. »Mmh«, brumme ich daher nur und drehe mich weg. Der Mann lässt jedoch nicht locker und zeigt auf das bunte Glas hinter dem Altar, das Jesus zwischen Sturm und Wellen zeigt. »Das Fenster hat der Kaiser persönlich gestiftet«, erklärt er. Ganz offenbar erwartet er eine angemessene Reaktion meinerseits. »Ich wusste gar nicht, dass Franz Beckenbauer etwas für Kirchenkunst übrighat«, sage ich. Immerhin, er lacht, wenn auch etwas gequält. »Nein, nicht der Fußballkaiser! Der echte Kaiser. Unser Kaiser! Wilhelm der Zweite!« Unser Kaiser? Er ruft es mit

LÜDERITZ

so viel Begeisterung in der Stimme, dass auch ich mir ein Lachen nicht verkneifen kann. »Schon klar«, winke ich ab, »ich hab's ja kapiert.«

Ehre, wem Ehre gebührt? Auch Paul Graetz war einst ein großer Fan des Kaisers. Ein letztes Mal auf dieser Reise muss ich an ihn denken. Und an die letzten Worte seines Buches, die ich erst kurz vor meinem Aufstieg zur Felsenkirche noch einmal gelesen habe:

> Nach allen Strapazen und Entbehrungen meiner langen, 630 Tage währenden Fahrt ward mir bei meiner Heimkehr in Hamburg im Juni 1909 eine hohe Freude zuteil: Se. Majestät der Kaiser, welcher mir ebenso wie König Eduard von England ein Glückwunschtelegramm nach Swakopmund gesandt hatte, geruhte allergnädigst, mich in Hamburg zu sich zu befehlen, um das Afrikamobil zu besichtigen und mich über meine Erlebnisse zu befragen.

Epilog
SCHMERZ IN DER LEISTE, AFRIKA IM HERZEN

Meine rechte Hand greift über die alte Dame, die links von mir sitzt, und krallt sich in den Griff der Schiebetür. Mit einem großen Ruck, so mein Plan, würde ich das verbeulte Ding gleich wieder nach vorne reißen, wie ich es an diesem Tag und auf dieser Reise schon so oft gemacht habe. Auf, zu, auf, zu, Passagiere rein, Passagiere raus – das ist der Takt der Minibusse und auf dieser Etappe bin ich, weil die Oma neben mir für die regelmäßigen Ruck- und Ziehbewegungen zu unbeweglich ist, vom Fahrer mal wieder als Türöffner eingeteilt worden.

Am frühen Morgen sind wir in Lüderitz losgefahren. Noch einmal fünfzehn Stunden zurück nach Windhoek, von wo ich am nächsten Tag nach Hause fliegen will. In der Ferne wartet ein anderes Leben. Den Korrespondentenjob, für den ich mich vor so vielen Monaten beworben hatte, habe ich tatsächlich bekommen. Das freut mich einerseits sehr, beschert mir andererseits aber auch ein wenig Wehmut. Schon bald würde ich die große Freiheit des Reisens wieder mit dem eng getakteten Leben eines Fernsehreporters eintauschen. Immerhin werde ich für die neue Stelle nach Kairo ziehen dürfen und so zumindest dem afrikanischen Kontinent erhalten bleiben. Wenn auch deutlich weiter im Norden.

»Come on, man«, ruft der Fahrer. Nein, in diesem Minibus interessiert sich niemand für meine Karriere. Sie wollen einfach nur, dass ich endlich die Schiebetür zuknalle, damit wir weiterfahren können. »Yes, sir«, sage ich pflichtschuldig und werfe wie immer

SCHMERZ IN DER LEISTE, AFRIKA IM HERZEN

mein ganzes Gewicht in die Aktion. Womit ich nicht gerechnet habe, ist, dass dieses Mal die Tür klemmt. Sie hat sich verkantet, sodass meine Bewegung auf unerwarteten Widerstand trifft, was wiederum meinem Körper überhaupt nicht gefällt. Ein stechender Schmerz zieht mir durch den Bauch bis runter in die Oberschenkel. Rammt mir da jemand ein Messer links und rechts in die Leisten? Ich kriege gerade noch so einen matten Schrei heraus, dann werde ich ohnmächtig.

Ein paar Minuten später – oder waren es nur ein paar Sekunden? – blicke ich in jede Menge besorgte Augenpaare. Die Oma streichelt mir über die Stirn, der Fahrer hat sich nach hinten gebeugt. »It's a hernia«, sagt irgendjemand. »Really?« – »Yes, definitely a hernia.« »Hernia« ist das englische Wort für Leistenbruch. Soll angeblich öfter vorkommen bei Schiebetürzuknallern afrikanischer Minibusse. Wieder was gelernt. Wir müssen trotzdem weiter. Ich trinke einen Schluck Wasser und setze mir den Kopfhörer auf. Die Bongo-Flava-Playlist, die mich seit Wochen begleitet, übertönt mein eigenes Wimmern.

In Windhoek angekommen, kann ich mich zwei Tage lang nicht richtig bewegen, aber irgendwann lassen die Schmerzen nach und ich fliege zurück nach Europa. Eine Urologin in Köln wird ein paar Tage später zwar keinen Leistenbruch, aber eine sogenannte Sportlerleiste diagnostizieren. Dass untrainierte Menschen wie ich so etwas bekämen, sei unüblich, erfahre ich. Eine Sportlerleiste, das sei eher was für Profifußballer, nach heftigen Grätschen zum Beispiel.

Eine Reise als Grätsche.

Mit öffentlichen Verkehrsmitteln habe ich das südliche Afrika von Osten nach Westen durchquert. Mehr als achttausend Kilometer in auseinanderfallenden Bussen, klappernden Zugwaggons und einer schwankenden Schiffskabine liegen hinter mir. Zum ersten Mal seit vielen Jahren habe ich es nicht eilig gehabt, was das vielleicht größte Geschenk war, das ich mir selbst geben konnte. Mehr

EPILOG

noch: Der Anlass für diese Reise war so zufällig und willkürlich – jüngere Zeitgenossen würden wohl »random« sagen –, dass es genau dieser Umstand war, der sie für mich so besonders gemacht hat.

Auf den Spuren eines alten und weitgehend unbekannten Buches einen Kontinent zu durchqueren? Das wäre Paul Graetz viel zu beliebig gewesen. Er wollte »der erste Mensch der Welt« sein, der das mit einem Urauto vollbringt. Das hat er geschafft und dafür wurde er sogar von seinem geliebten Kaiser gebauchpinselt. War das sein Ziel? Oder war das Ziel doch eher der viel zitierte Weg dahin? Ich bin mir da bei Graetz immer noch nicht so sicher. Bei aller Distanz, die zwischen uns liegt, wünsche ich ihm, dass es Letzteres war.

Was aber ist mein Ziel gewesen? Ich habe versucht, auf dieser Reise nicht nur im Heute, sondern auch in manchem Gestern unterwegs zu sein. Der Blick in die Geschichte war erhellend, oft verwirrend und immer wieder auch beschämend und schmerzhaft. So vieles von dem, was genau in der Zeit seinen Ursprung hat, in der Graetz mit seinem verrückten Mobil durch die Gegend fuhr, bestimmt das Leben vieler Menschen in Afrika bis heute. Wie viel Geschichte steckt in der Gegenwart? Das habe ich mich vor meiner Abreise gefragt. Die Frage ist natürlich bescheuert, denn wie will man das quantifizieren? Überhaupt sollten sich Reisende vor solch hochtrabenden Fragen hüten, finde ich. Journalisten sowieso.

Und so sind es am Ende vor allem die persönlichen Begegnungen entlang des Weges, die diese Reise für mich zu einer so besonderen Erfahrung gemacht haben. Begegnungen nicht mit Politikern, Stars oder anderen Personen der Zeitgeschichte, sondern den ganz normalen Menschen. »Figuren in der Landschaft«, wie sie der große Reiseschriftsteller Paul Theroux nennt. Menschen, die auftauchen, verschwinden, Eindruck hinterlassen und Fragen aufwerfen.

Was wohl aus den Figuren meiner Reise geworden ist? Ich denke an den alten Isaria. Ist er vorangekommen bei der Suche nach dem Schädel seines Großvaters? Ich denke an den belesenen Eier-

SCHMERZ IN DER LEISTE, AFRIKA IM HERZEN

verkäufer Geoffrey, den angehenden Honigexporteur Joseph, an Kapitän Titus und die ansteckende Lebensfreude meiner vietnamesischen Frühstücksbekanntschaft in Malawi. Wie geht es den gefesselten Dieben aus meinem Minibus in Mosambik? Und Greg, dem protzenden Minenbesitzer? Mama O? Gee? Beatha? Graetz-Papst Carsten? Otto, dem tiefgründigen Nama aus Mariental?

So viele Namen, so viele Gesichter, so viele Momente. Wen habe ich nicht alles schon wieder vergessen? Wie viel ist untergegangen im Strudel der Erinnerungen, verschollen im Nebel der Nächte am Tresen, entschwunden in der Dunkelheit vor dem Minibusfenster? Auf dass sie irgendwann alle wieder auftauchen mögen! Wie Köcherbaum und Kameldorn nach einem Wüstensturm. Wie die Kilimandscharospitze über den Wolken.

Deutsche Originalausgabe
Copyright © 2023 von dem Knesebeck GmbH & Co. Verlag KG, München
Ein Unternehmen der Média-Participations

Projektleitung: Dr. Hans Peter Buohler
Lektorat: Dr. Ludger Ikas, Berlin
Karte: Angelika Solibieda, Karlsruhe
Umschlag und Gestaltung: Favoritbüro, München
Grafikelemente: © Shutterstock (vectorOK)
Satz: Buch-Werkstatt GmbH, Bad Aibling
Herstellung: Arnold & Domnick, Leipzig
Druck: Livonia Print, Riga
Printed in Latvia

ISBN 978-3-95728-743-4

Elektronisch ist folgende Ausgabe erhältlich:
eBook (epub): ISBN 978-3-95728-797-7

Alle Rechte vorbehalten, auch auszugsweise.

www.knesebeck-verlag.de